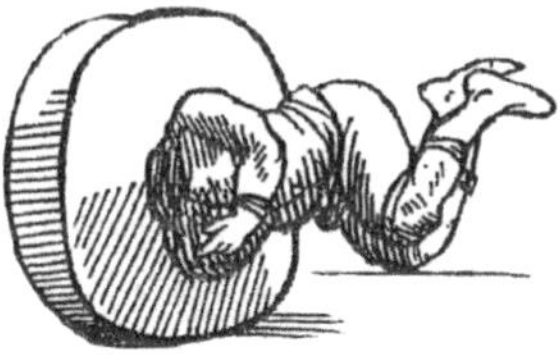

Das Lalebuch

Das Lalebuch

Wunderseltsame, abenteuerliche, unerhörte und bisher unbeschriebene Geschichten und Taten der Lalen zu Laleburg

Neue Zeitungen aus der ganzen Welt

findest du zu Ende dem Lalebuch angehängt

Nach dem Druck von 1597, mit zwölf Holzschnitten aus dem Jahr 1680

Aus dem Deutschen des 16. Jahrhunderts übersetzt und herausgegeben von Reinhard Kaiser

Galiani Berlin

Aus Verantwortung für die Umwelt
hat sich der *Verlag Galiani Berlin*
zu einer nachhaltigen Buchproduktion verpflichtet.
Der bewusste Umgang mit unseren Ressourcen,
der Schutz unseres Klimas und der Natur gehören
zu unseren obersten Unternehmenszielen.

Gemeinsam mit unseren Partnern und Lieferanten
setzen wir uns für eine klimaneutrale Buchproduktion
ein, die den Erwerb von Klimazertifikaten
zur Kompensation des CO_2-Ausstoßes einschließt.

Weitere Informationen finden Sie unter:
www.klimaneutralerverlag.de

FSC www.fsc.org
MIX
Papier aus verantwortungsvollen Quellen
FSC® C014496

Verlag Kiepenheuer & Witsch, FSC® N001512

1. Auflage 2021

Verlag Galiani Berlin

Covergestaltung: Lisa Neuhalfen und Manja Hellpap
Lektorat: Wolfgang Hörner
Gesetzt aus der Lapture
Satz: Buch-Werkstatt GmbH, Bad Aibling
Druck und Bindung: GGP Media GmbH, Pößneck
ISBN 978-3-86971-236-9
Weitere Informationen zu unserem Programm finden Sie unter
www.galiani.de

EINGANG

zu dieser Geschichte, wo vermeldet wird, warum und aus welchem Anlass sie aufgeschrieben wurde.

Im Jahr 753*, dem Jahr der Errichtung und Einrichtung des großmächtigen, weitläufigen Königreichs Utopien*, als der große Reichstag in der Hauptstadt Uthen* begonnen hatte und deshalb aus allen umliegenden Land- und Herrschaften und dem ganzen Königreich eine ungeheure Zahl von Menschen – Geistliche und Weltliche – sich dorthin begeben hatten, in der Hoffnung, es werde dort etwas Bedeutendes zustande gebracht, kam auch Udeys*, der utopische Kaiser, in eigener Person dorthin, um selbst dem Reichstag beizuwohnen und durch seine Gegenwart Sicherheit zu stiften und gute Ordnung zu wahren. Mit ihm aber kam eine große Menge Leute, sowohl Edelleute als auch unedle, solche von hohem und solche von niederem Stand. Unter diesen befand sich auch ein Aabcdef/etc., der mitgereist war, um sowohl der Reichsversammlung beizuwohnen als auch wegen gewisser Dienste, zu denen ich meinem Herrn verpflichtet* und verbunden war.

Weil es nun aber, wenn eine so große Volksmenge zusammenkommen soll, immer wieder geschieht, dass viel Zeit vergeht, bevor alle Stände, die dazu eingeladen und aufgefordert werden, sich gerüstet haben und eintreffen, und man deshalb lange warten muss, beginnt das Hofgesinde mit allerlei Kurzweil und Ritterspiel, um Verdruss wegen des Wartens gar nicht erst aufkommen zu lassen. So sieht man viele, die sich inzwischen an dem adeligen Ritterspiel des Turniers belustigen, andere hingegen auf ganz andere Weise. Man findet nämlich auch solche, die sich an der Jagd ergötzen, während wieder andere ihre Falken jagen lassen und dergleichen mehr. Die einen pflegen das Fechten und dies mit verschiedenen Waffen, andere üben sich im Ringen und Springen. Die allermeisten aber halten sich ans Spielen und Zechen und alles, was dazugehört. Kurz gesagt, es pflegt dort so zuzugehen, wie das bekannte Sprichwort sagt: viel Köpf, viel Sinn. Denn wozu jemand Lust und Neigung verspürt, dem setzt er bald mit dem größten Eifer nach, schon allein deshalb, weil alles, was den Menschen zu ergötzen vermag, dort im Überfluss vorhanden ist. Und glaubt mir, dabei wird auch das edle Liebesspiel mit schönen Frauen gewiss nicht vergessen. So ergriff auch mich ein Verlangen – nämlich, die anmutige Landschaft um den See, der bis nah an die Stadt reicht, kennenzulernen und zu besehen und mir die Zeit vielleicht mit Fischfang zu vertreiben. Deshalb nahm ich mir einen Schiffer, der mich, wenn sonst nichts weiter zu tun war, in einem Boot auf dem Uthener See herumfahren und mir alles zeigen sollte, was es dort zu betrachten gab. Das geschah so, und für mich war es äußerst kurzweilig, zu sehen, wie der Wind die Wellen vor sich hertrieb, wie sie einander jagten und überrollten, oder wie es mir gelang, die einfältigen Fischlein mit meiner betrügerischen Angel und meinem Haken zu täuschen. Besonders gut gefielen mir aber die anmutigen, schönen Städte, Flecken, Dörfer und anderen Wohnsitze, die wie liebliche Blumen in einem schönen Kranz den See umringten.

Eines Tages, als ich und mein Schiffer wieder einmal zu unserem Vergnügen auf den See hinausgefahren waren, sah ich mir die Lage der Berge, der Wälder und Täler genauer an. Da fiel mir ein kleiner Hügel auf, der mitten in einem dunklen, aber doch keineswegs unwirtlichen Tal aufgeschüttet worden war. Allerlei altes Mauerwerk ließ mich vermuten, dass dort vor Jahren eine Burg gestanden hatte. Um das herauszufinden, fragte ich meinen Fährmann, was das sei oder was es gewesen sei. Wenn er etwas darüber wisse, solle er mir dies nicht vorenthalten. Der Schiffer, der die ganze Gegend sehr gut kannte, erklärte mir, dort habe es tatsächlich eine Burg gegeben, Laleburg genannt, und gleich daneben ein kleines Dorf gleichen Namens. Ich fragte weiter, was denn jetzt mit dieser Ortschaft sei, wer dort wohne und was es damit auf sich habe. Er aber antwortete, es sei dort jetzt nichts weiter zu sehen als eine alte Mauer. Sie sei das einzige Anzeichen dafür, dass dort vor vielen Jahren ein Gebäude gestanden habe. Sonst sei die Gegend öd und unbewohnt, obwohl die Lage durchaus günstig sei – wohl versehen mit Holz, Wasser, Feldern und Weideland für das Vieh.

Über diese Antwort wunderte ich mich nicht wenig und fragte deshalb noch einmal nach, was denn die Ursache für diesen Verfall gewesen sei.

»Das könnte ich Euch so gut sagen wie jeder andere hier«, antwortete der Schiffer. »Allerdings würde dafür ein Nachmittag nicht ausreichen. Es bräuchte etliche Tage. Denn bei den Einwohnern dort haben sich die abenteuerlichsten und wundersamsten Geschichten zugetragen. Ich glaube auch, dass alles, was man an Seltsamem und Wunderbarem jemals in der Welt gehört hat, gleichsam für tot und nichts zu erachten ist, wenn man es mit dem vergleicht, was hier geschah. Und es ist für immer schade, dass sich nie ein Gelehrter darangemacht hat, die Taten der Laleburger zu beschreiben und ans Licht zu bringen, jedermann zu ehrbarer Kurzweil und Zeitvertreib – statt der groben Zoten im ›Rollwagenbüchlein‹, in der ›Gartengesellschaft‹, in den ›Cento Novella‹, in ›Katzipori‹* und bei anderen unsauberen Skribenten, deren Texten man mit der Schere zu Leibe rücken müsste.«

»Wenn sich die Sache so verhält, wie du sagst«, entgegnete ich, »dann wollen wir uns die nötige Zeit dafür nehmen, und was du mir heute nicht erzählst, das sagst du mir ein andermal, bei der nächsten Gelegenheit.«

»Das will ich gern tun«, sagte der Fährmann, »aber bitte – wenn ich es nicht so anmutig und geschickt ausdrücken kann, wie es sich geziemt, so gebt meinem Unverstand die Schuld daran, denn bisher habe ich mehr Dreschflegel, mehr Piken, Hauen, Schaufeln, Hacken und Pflüge in den Händen gehabt als Schreibfedern hinterm Ohr.«

So vereinbarte ich mit meinem Schiffer, dass wir, wann immer sich eine Gelegenheit ergab, auf dem See spazieren fahren würden, wo er mir dann immer wieder neue von den erwähnten Historien und Geschichten erzählte – allerdings nicht in der richtigen Reihenfolge, sondern nur so, wie sie ihm zuflogen. Ich schnappte sie dann eilends auf, brachte sie in eine Ordnung und schrieb sie nieder. Später habe ich dann auch in einer alten Bibliothek Aufzeichnungen über diese Angelegenheit gefunden. Aber die Bände waren so alt und von Würmern so zerfressen, dass ich das meiste erraten musste und vieles gar nicht lesen konnte. Dies sollte und wollte ich dir, geneigter Leser, nicht verschweigen.

Nun folgt das Lalebuch.

Das Lalebuch

1. KAPITEL

Über den Ursprung, das Herkommen und den Namen der Lalen von Laleburg – im Königreich Utopien gelegen.

Es haben die Alten schon vor vielen Hundert Jahren diesen herrlichen Spruch gehabt, der auch in unseren Zeiten noch wahr ist und deshalb weiter gelten soll. Er lautet so:

Eltern – wie die geartet sind,
  So sind gemeinlich auch ihre Kind.
Sind sie mit Tugenden begabt,
  An Kindern ihr desgleichen habt.
Kein guter Baum gibt schlechte Frucht,
  Der Mutter nach schlägt gern die Zucht.
Ein gutes Kalb, ein gute Kuh –
  Das Jung tut's gern dem Vater zu.
Hat denn der Adler, hoch von Mut,
  Furchtsame Tauben je gebrut?
Doch merk mich recht, merk mich mit Fleiß:
  Was man nicht wäscht, wird selten weiß.

Ebendies kann auch von den Lalen zu Laleburg (einem Ort hinter Kalikut*, im großmächtigen Königreich Utopien) zu ihrem Ruhm und Lob mit Fug und Recht gesagt werden. Denn auch sie sind in die

Fußstapfen ihrer lieben Voreltern getreten und darin geblieben, ohne zu weichen. Erst die große Not, die kein Gebot kennt, weil niemand ein solches einhalten könnte, und die Sorge um die Erhaltung und Förderung des lieben Vaterlandes und des Staatswesens, dem man alle Treue im voraus leisten muss, haben sie vertrieben und genötigt, einen anderen Weg einzuschlagen, dessen Länge ich euch binnen Kurzem schildern werde – uns allen zum anschaulichen Beispiel, das uns lehrt, wie wir unseren lieben, frommen Eltern in guten Sitten und Tugenden nachschlagen und womöglich aus der Not eine Tugend machen können.

Dem allgemeinen Geschrei und Gerede, das überall im Land bei den Leuten umgeht, müssen wir wohl glauben, in Anbetracht dessen, dass keine Schreibenten mehr vorhanden sind, die festgehalten hätten, welche Schriften und Annalen in der ungeheuren Feuersbrunst vernichtet wurden, als Laleburg mit allem, was sich darin befand, und samt seinen Chroniken niederbrannte. Weiter unten wird davon noch die Rede sein. Dort komme ich dann auch noch einmal auf das allgemeine Gerücht zu sprechen, das nicht immer leer und nichtig, sondern meistens, wenn nicht ganz, so doch zum Teil wahr ist. Wenn wir diesem Gerücht Glauben schenken, lässt sich erkennen, dass die ersten Voreltern der Lalen aus Griechenland kamen und von einem der weisen Staatsmänner und Gelehrten dieses Landes in die Welt gesetzt worden sind. Man kann das – nach dem oben Gesagten – an ihrer edlen Art und großen Weisheit leicht erkennen: zumal der Name *Lale** dies ausdrücklich bestätigt, denn er stammt aus dem Griechischen und bedeutet Schwätzer (was auf die Griechen im Allgemeinen zutrifft, aber doch nicht auf alle). Welcher der erwähnten weisen Griechen aber ihr Ahnherr gewesen ist, das wissen sie so wenig, wie der Jude Samuel weiß, aus welchem Stamm der Kinder Israels er hervorgegangen ist.

Man kann allerdings vermuten, und es ist aus den bisher genannten Gründen glaublich, dass die Griechen mehrmals gegen ihre Wohltäter und die Väter des Vaterlandes undankbar gewesen sind und diese, nachdem sie deren Wohltaten empfangen hatten, wenn nicht hingerichtet und getötet haben wie den Miltiades*, den Phokion und andere, so doch ins Elend gestürzt und aus dem Land gejagt haben, wie es dem Lykurg, dem Theseus, dem Solon, dem Aristides, dem Themistokles und anderen mehr widerfuhr. Sie alle mussten aus ihrem Vaterland fliehen, sich in fremden Ländern niederlassen und ihr Leben dort verbringen und beschließen. Einer von diesen und ohne Zweifel nicht der Geringste und Schlechteste – davon zeugt, was er geleistet hat – muss in die oben geschilderte Gegend gekommen sein und sich dort mit Weib und Kindern angesiedelt und sie nach seinem Ableben dort zurückgelassen haben.

An diesen Kindern ist dann wahr geworden, was weiter oben schon berichtet wurde und auch in einem Sprichwort zum Ausdruck kommt, welches lautet:

Der Apfel fällt nicht weit vom Stammen,
das Kind behält des Vaters Namen.

Denn an Weisheit und Verstand schlugen sie ihrem Vater nach und wollten deshalb – als gebrannte Kinder, die durch fremden Schaden klug und schlau geworden waren – die Undankbarkeit der Griechen, derentwegen sie Fremdlinge hatten werden müssen, nicht am eigenen Leib erfahren. So beschlossen sie, in diesem Land beieinander zu bleiben, sichere und feste Behausungen zu errichten, sich mit Feldarbeit und Viehzucht zu begnügen und mit fremden Geschäften gar nicht oder nur so wenig wie irgend möglich zu befassen und zu belasten.

2. KAPITEL

Von der großen Weisheit und dem hohen Verstand der Lalen: Wie deshalb Fürsten und Herren viele von ihnen zu sich bestellten und wie sie hierdurch daheim in Schwierigkeiten gerieten.

Da nun der erste Lale ein so besonders weiser und verständiger Mann war, kann man wohl annehmen, dass er seine Kinder nicht wie das unvernünftige Vieh, das keinen Herrn oder Meister kennt, herumlaufen ließ oder sie (wie es viele Väter zu tun pflegen) in die Aufsicht der Mutter gab. Er wird gewusst haben, wie leicht es geschieht, dass Mütter die Kinder, die man ihrer Sorge überlässt, vernachlässigen und zu Mutterkindern machen, und wird deshalb ein strenger Vater gewesen sein, der ihnen nichts Schlimmes hat durchgehen lassen, sondern selbst die Aufsicht über sie geführt und sie zu allem Guten angehalten, hingeleitet und darin bestärkt hat.

So haben sie, da ihr getreuer Vater und Lehrmeister sie unterwiesen hat, auch fleißig gelernt. Die richtige Unterweisung und Lehre, zu der die Natur die Grundlage und das Fundament liefert und selbst legt, bewirkt dann sehr viel, indem sie das angefangene Werk, das sonst unvollendet bliebe, zur Vollkommenheit führt und ihm einen Namen gibt, wenn das Lehren und das Lernen (die zusammenkommen müssen, wenn etwas Gutes daraus werden soll) auf dem Fundament, das die Natur anfänglich gelegt hat, einander ergreifen, sich einander angleichen und miteinander verbinden. So wurden sie, sage ich, mit allen Gaben und Tugenden, vor allem mit Weisheit, in höchstem Maße begabt und geziert, ja, überschüttet, so dass sie auf der damaligen Welt – obwohl diese Welt so groß und weit war, dass man ihr Ende noch nicht gefunden hatte, dabei hatten die unersättlichen Spanier und andere schon ungeheure Kosten und Mühen darauf verwendet – von niemandem übertroffen wurden (wie bitte? übertroffen? – sagen wir lieber: mit nichts zu vergleichen gewesen sind). Denn weise Leute waren in jener Zeit dünn gesät, und wenn sich ein solcher Weiser zeigte und hervortat, staunten die anderen und wunderten sich. Sie waren eben nicht so verbreitet wie jetzt bei uns, wo jeder und vor allem die größten Toren und Narren weise sein möchten und für klug gehalten werden wollen.

Der Ruhm und das Lob ihres hohen Verstandes und ihrer vortrefflichen Weisheit erscholl bald in allen umliegenden Städten. Sogar über alle Lande breitete sich ihr Lichtschein und ihr Glanz aus und wurde bei Fürsten und Herren bekannt. Ein so herrliches Licht lässt sich nicht leicht verbergen, sondern leuchtet und strahlt überall hervor, und so geschah es immer wieder, dass aus fernen Orten Kaiser, Könige, Fürsten, Herren und Städte stattliche Gesandtschaften zu ihnen schickten, um sich in zweifelhaften und strittigen Angelegenheiten bei ihrer Weisheit Rat zu holen. Denn guter Rat war bei ihnen, die so voller Weisheit steckten, allzeit im Überfluss zu finden. Nie kam es vor, dass ihre treuen Ratschläge nutzlos und fruchtlos gewesen wären und dass nachher nicht das erfolgt wäre, was man gesucht hatte – sofern man sich denn an diese Ratschläge gehalten und sie befolgt hatte. Auf diese Weise ernteten sie bei jedermann viel Lob und machten sich überall in der Welt einen großen Namen.

So geschah es, dass man sie oftmals reichlich mit Gold, Silber, Edelsteinen und anderen Kostbarkeiten und Kleinoden beschenkte und beehrte – und das waren ihre Dienste auch wert. Denn die Weisheit wurde damals weit höher geschätzt als heutzutage, wo man die Narren vorzieht und ganz oben – bisweilen auch ganz allein – an die Tafeln der Herren platziert, die Weisen hingegen geringschätzt, wenn nicht gar verachtet und verstößt. Die weisen und verständigen Leute ficht das alles nicht an – sie wissen, dass die Weisheit mit keinem Gut noch mit Geld zu bezahlen ist, da sie alles andere so sehr übertrifft, wie die helle Sonne mit ihrem Strahlen die anderen Sterne übertrifft, denen sie ihren Schein gibt.

Der Höchste nach Gott der Weise ist,
Dem nie an keinem Gut gebrist*:
Ist reich, frei, schön und wird geehrt.
Trotz einem König, der's ihm wehrt.

Schließlich kam es dahin, dass Fürsten und Herren, denen die Lalen unentbehrlich geworden waren, ihre Gesandtschaften nicht mehr zu ihnen schicken wollten, um Rat einzuholen. Stattdessen begehrte nun jeder, einen eigenen, persönlichen Lalen bei sich am Hofe und an seiner Tafel zu haben, damit er sich desselben bei anstehenden Geschäften täglich bedienen und aus seinen Reden, wie aus einem unerschöpflichen Brunnen besten Wassers, die Weisheit erfahren und schöpfen könne. Denn für einen Fürsten gibt es keine größere Zierde und kein wertvolleres Kleinod als die Weisheit, um die schon der König Salomon Gott innig gebeten hat, denn sie ist das höchste Gut, das der Mensch in diesem Leben erlangen kann. Und sie ist nicht besser zu gewinnen und zu erlangen, als wenn man sich mit Leuten umgibt, bei denen diese hohe Gabe glänzt und leuchtet, und wo man ihre weisen Reden wahrnimmt, behält und nutzbringend anwendet.

Zu wem sich einer gesellen tut,
Der wird gewisslich böse oder gut.

Wer Pech anrührt, der wird davon besudelt. Warum sollte dann der, der sich guten und weisen Leuten anschließt, nicht auch gut und weise werden? Aber wie käme ich dazu, mich hierüber länger auszulassen?

Aus diesem Grund wurden nun bald täglich Lalen abgefordert – hier einer, dort einer, jetzt dieser, dann jener – und von ihrem Wohnort in ferne Gegenden bestellt, wo man ihre Ankunft dringend erwartete. Weil sie aber nicht so zahlreich waren, dass einer sich durch den anderen hätte vertreten lassen können (wie dies geschieht, wo man von denen, die sich bei den Alten um die Seele kümmern und sie mit *Te Deum Laudamus* zum Grab geleiten, einen solchen Überfluss hat, dass man nicht weiß, wo man für einen krummen Topf einen krummen Deckel hernehmen soll), kam es in kurzer Zeit so weit, dass gar keiner mehr zu Hause lebte, sondern alle abwesend waren. Da mussten nun die Frauen auch die Stellen ihrer Männer einnehmen und für sie alles verwalten und besorgen – die Feldarbeit, das Vieh und was sonst von den Männern noch erledigt wird. Den Frauen aber war dies gar nicht so unlieb, weil sie, die den Männern ohnehin immer gern nach dem Bart greifen, hierdurch die Herrschaft in die Hand bekamen und daheim zum Meister Sie-Mann* wurden.

Aber auch heutzutage verhält es sich noch so, dass der Lohn der Frauen, verglichen mit dem, was die Männer bei ihrer Arbeit verdienen, sehr gering ist. Und obwohl sich die Frauen heftig ins Zeug legen und sich größte Mühe geben, kommt doch wenig dabei heraus. Auch in Laleburg war dies so. Verständlich bleibt dies dort, wo die Frauen Männerarbeit verrichten sollen. Im Übrigen aber ist die Arbeit der Frauen von der Männerarbeit so klar unterschieden, dass sämtliche Männer zusammen kein einziges Kindchen – und wäre es noch so klein – gebären könnten. Es sei denn, sie wollten es ausbrüten, so wie ein merkwürdiger Mann einst glaubte, er könne die Käse so bebrüten, dass Kälber daraus würden. Umgekehrt bräuchte man viele Frauen, wenn man mit ihnen die feste Stadt Wien in Österreich (die Gott zum Schutz der Christenheit lange Zeit beschirmen und erhalten möge) oder die bekannte Stadt Straßburg mit Gewalt einnehmen wollte. Weil die Feldarbeit vernachlässigt wurde, ging die Menge der Feldfrüchte zurück, und manches wurde einfach nicht mehr angebaut, zumal die Fußtritte des Herrn, die allein den Acker richtig düngen, darauf nicht mehr gespürt wurden. Das Vieh, das sonst unter den wachsamen Augen des Herrn recht fett wird, magerte ab, verwilderte und wurde unnütz. Alle Werkzeuge und Geschirre wurden verschlissen, nichts wurde ausgebessert und wieder hergestellt. Und was das Schlimmste war: das Gesinde, die Kinder, die Knechte und Mägde wurden ungehorsam und wollten nicht mehr richtig arbeiten. Sie redeten sich ein, weil ihre Herren und Meister nicht daheim wären, man ihrer aber nicht entbehren könnte, so stünde es ihnen zu, dass sie in der Zwischenzeit die Meister wären. Aber ein Wunder war das alles nicht, denn wie schon bemerkt:

Des Herren Tritt den Acker düngt,
Des Herren Aug das Vieh verjüngt.
Des Herren Gegenwärtigkeit
Hält im Gehorsam Knecht und Maid.
Wo der Herr nicht selbst kommt hin,
Da ist gewisslich schlecht der G'winn.

So kam es, dass die braven Lalen jedermann zu Diensten sein und alles richtig machen wollten, was unrichtig war, und zwar nicht aus Geiz und um des lieben Geldes willen, sondern wegen des allgemeinen Wohlergehens und Wohlstandes. Aber gerade hierdurch kamen sie zu verderblichem Schaden, und es erging ihnen so wie denen, die die Rabauken zur Räson bringen und Frieden machen wollten. Denn:

Wer Rabauken gern verteidigt,
  Wird als Erster selbst beschädigt.
Treue Dienste bringen bösen Lohn:
  Undank, sonst nichts, hat man davon.

3. KAPITEL

Wie die Frauen von Laleburg beschließen, ihre Männer zur Heimkehr aufzufordern, und deshalb ein Schreiben an sie abgehen ließen.

Es ist seltsam, dass weder die Männer ohne die Frauen noch die Frauen ohne die Männer haushalten können – wegen des allzu großen Ungemachs und Schadens, der aus solcher Absonderung entsteht. Denn wo kein Mann ist, da ist auch keine Meisterschaft. Wo keine Meisterschaft ist, da ist keine Autorität. Wo keine Autorität ist, da tut jeder, was er will. Wo jeder tut, was er will, da folgt selten eines aus des anderen Rat. Wo keins dem andern folgt, da wird selten etwas Rechtes draus. Es muss ja doch jederzeit einer dem andern die Hand reichen und die Arbeit, damit sie vorankommt, abnehmen – wie die Handwerker der wohlhabenden Stadt Nürnberg untereinander zu tun pflegen. Wo hingegen keine Frau ist, da hat der Mann keine kleine Haushaltung, und wo der Mann keine kleine Haushaltung hat, da ist er in der großen Haushaltung schon geschlagen. Denn wenn der Hagel, wie man sagt, in die Küche schlägt, hat er allenthalben getroffen. Dabei habe ich hier an Kindererziehung und andere Dinge noch gar nicht gedacht. So sage ich denn:

Wo ein Mann ist, aber kein Weib,
Daselbst ist ein Haupt ohne Leib.
Und wo ein Weib ist ohne Mann,
Da ist der Leib – kein Haupt daran.

Weil also keines ohne das andere vollständig ist und deshalb eines ohne das andere nicht bestehen kann, geschieht es, dass eines das andere begehrt, dasselbige sucht und zu sich nimmt – obwohl sie oft miteinander uneins werden und der Mann seine Frau aus dem Haus jagt, während die Frau den Mann oft in den Krieg treibt.

Dass es sich so verhält und nicht anders, lässt sich aus dem, was nun folgt, deutlich genug ablesen. Denn in Anbetracht des Schadens und Ungemachs, die aus der Abwesenheit der Lalen täglich und auf vielfältige Weise erwuchsen, versammelte sich die ganze weibliche Gemeinde, die unterdessen das Regiment führen und die zugehörigen Ämter verwalten musste (was glaubt ihr wohl, wie es dabei zugegangen ist?), um das Gemeinwesen und dessen Wohlstand und Wohlfahrt zu ermessen und zu bedenken und dem offenkundig verderblichen Schaden zu begegnen, ihn zu steuern und abzuwehren – und dem Verlust ihrer Güter und Gewerbe und ihrer aller schließlichem Verderben und Untergang zuvorzukommen und dies alles zu verhüten. Nach langem Bedenken und vielem Geschnatter und Geschwätz einigten sie sich schließlich darauf, ihre Männer wieder zurückzufordern und heimzurufen.

Um diesen Ratsbeschluss ins Werk zu setzen, ließen sie einen Brief entwerfen und schreiben – und schickten ihn durch zuverlässige Boten an alle Orte und Enden, von denen sie wussten, dass ihre Männer dort waren: der dann jedem von ihnen vorgelesen wurde und Folgendes zum Inhalt hatte.

4. KAPITEL

Abschrift des Briefes, den die Frauen von Laleburg an ihre Männer, die Lalen, geschickt haben.

Wir, die ganze weibliche Gemeinde zu Laleburg, entbieten euch, unseren getreuen, herzlieben Ehemännern samt und sonders unseren Gruß und tun euch hiermit kund: Weil unser ganzes Geschlecht – Gott zum Lobe und zum Dank – mit höchster Weisheit und höchstem Verstand derart begabt und mehr als andere gesegnet ist, hören uns weit entfernt lebende Fürsten und Herren nicht bloß gern zu, sondern wollen sich unserer Weisheit und unseres Verstandes bei ihren Geschäften, wo sich solche ergeben, gern und unverzüglich bedienen. Deshalb haben sie euch von Haus und Hof, von euren Frauen und Kindern abgefordert und lange Zeit bei sich behalten.

Nun aber sind wir in Sorge, dass sie euch mit ihren Gaben und Verheißungen, die bei solchen Personen immer sehr groß und gut sind, so festhalten und fesseln, dass ihr nicht mehr von ihnen loskommen könnt, sondern in der Fremde, fern von Haus und Hof, fern von uns und euren lieben Kindern, fern von allem, was euch lieb und angenehm ist, euer Leben verbringen und beschließen müsst. Uns und unserem Leben zu Hause ist damit weder geraten noch geholfen, zumal es in allen Dingen bergab geht. Das Feld, aus dem wir unsere Nahrung haben, verdirbt, weil es nicht ordentlich bestellt wird. Das Vieh verwildert. Das Gesinde wird ungehorsam. Die Kinder, die wir armen Mütter meistens viel zu sehr und oftmals mehr, als es gut ist, lieben – sie werden eigensinnig. Von anderem Ungemach, das aus eurer Abwesenheit erwächst, wollen wir schweigen, zumal ihr in eurer Weisheit und eurem hohen Verstand selbst darauf kommen könnt, und wollen auch nicht daran erinnern, dass unser Geschlecht der Lalen, das nun schon so viele Jahre besteht, hierdurch in Verfall zu geraten droht und schließlich ganz verschwindet, weil der kleine Haushalt nicht mehr existiert. So sind wir denn in Anbetracht dieser und anderer Ursachen nicht umhin gekommen, zu tun, was unsere Pflicht ist – nämlich euch an eure Berufung und euer Amt zu erinnern und eure Heimkehr anzumahnen.

Und dies werdet ihr doch umso mehr und eher annehmen und tun, wenn ihr bedenkt und euch zu Herzen nehmt, wie wir armen Frauen unbilligerweise von euch, die ihr nach euren Zusagen und Versprechen, Treu und Glauben zu bewahren und zu leisten schuldig und verbunden seid, nunmehr eine lange Zeit ganz verlassen gewesen, als hätten wir niemals etwas miteinander zu tun gehabt. Dabei haben wir doch euer eigenes Fleisch und Blut unter unserem Herzen getragen. Und wenn es doch recht und billig und von der Natur selbst eingepflanzt ist, dass auch die unvernünftigen Tiere, deren unübersehbares Beispiel euch täglich schamrot werden lassen sollte, ihre Nachkommen und ihre Gesellschaft nicht aufgeben oder verlassen – wie viel mehr gebührt es da einer vernünftigen Kreatur, einem Menschen, der mit Weisheit und Verstand begabt ist, seiner Gesellin verbunden zu bleiben und ihr getreue Hilfe und Beistand zu leisten. Wie unbillig und widernatürlich es ist, dass einer sich selbst verliert, das könnt ihr ja wohl ermessen. Wie könnt dann ihr uns und euch selbst verlassen, zumal wir und ihr ein Fleisch sind. Denkt an die Kinder, die wir miteinander gezeugt und geboren haben und die nun anfangen zu fragen, wer denn ihre Väter seien. Was meint ihr, wie sie sich bei euch bedanken werden, wenn sie erwachsen sind und von uns erfahren, wie sie von euch trost- und hilflos verlassen und dem Verderben und Untergang preisgegeben und sogar überlassen wurden? Meint ihr nicht, dass die natürliche Liebe und Zuneigung, die sie euch erweisen sollten, hierdurch erlischt?

Wahrhaftig, das Glück ist rund und wandelbar, und es verkehrt sich bald. Habt ihr diesen alten Spruch nie gehört?

Jungfrauenlieb und Rosenblätter,
Der Herren Gunst, Aprillenwetter,
Falsche Würfel und ein Kartenspiel
Verdrehen sich bald – wer's glauben will.

Meint ihr, die Gunst der Fürsten und Herren gegen euch werde beständig und immer gleich geneigt sein? Wenn die alten Hunde sich mit Jagen abgearbeitet und ausgedient haben, so dass sie mit ihren stumpfen Zähnen die Hasen nicht mehr halten können, pflegt der Jäger, sie am nächsten Baum, der ihm gefällt, aufzuhängen und belohnt so ihre treuen Dienste. Wie viel besser und nützlicher, ja, rühmlicher und löblicher wäre es für euch, wenn ihr daheim euren eigenen Sachen und Geschäften nachginget und abwartend in guter Freiheit, Ruhe und Frieden leben würdet, die Früchte eurer Güter genießen würdet und euch mit euren Frauen und Kindern, Freunden und Verwandten eures Lebens erfreuen würdet, ohne euch zu sorgen, dass jemand euch aus solcher Freiheit verdränge und verstoße, die höher als alles Gold und Geld zu schätzen ist. Und obschon man fremden Leuten dienen oder helfen soll und muss, könnt ihr solches wohl tun und trotzdem zu Hause und bei euren Frauen bleiben. Wer euch wirklich braucht, der wird euch auch finden und suchen, oder er braucht euch gar nicht wirklich.

Dies alles werdet ihr (liebe Männer) viel besser betrachten und erwägen können, als wir es hier beschreiben: dass nämlich diese Dinge, so wie oben geschildert, beschaffen sind und dass noch viel mehr wichtige und dringende Ursachen, über die wir hier geschwiegen haben, euch dazu bewegen und treiben sollen. Hiermit schließen wir diesen Brief in der besten Hoffnung, dass diese unsere Erinnerung und Ermahnung bei euch so viel Platz und Gehör finden wird, dass ihr euch nun bald und unverzüglich auf den Weg machen und heimkehren werdet, wenn ihr nicht demnächst fremde Vögel in eurem eigenen Nest sehen und hören wollt, dass sie zu euch sagen: »Vor der Tür ist draußen.« Darum seid vor Schaden gewarnt. Beschlossen und gegeben zu Laleburg mit eurem Siegel, das euch und mitnichten uns Frauen zu verwahren anstünde – versiegelt und verwahrt, auf Jahr und Tag etc.

5. KAPITEL

Wie die Männer nach dem Empfang dieses Schreibens heimkehrten und wie sie von ihren Frauen empfangen wurden.

Sobald den Männern jenes Schreiben ausgehändigt und überlassen worden war und sie den Inhalt desselben gelesen und verstanden hatten, wurde ihnen das Herz schwer. Sie sahen ein, dass es sich genauso verhielt, wie ihre Frauen geschrieben hatten, und dass es deshalb unbedingt nötig sei, heimzukehren.

Darum erbaten sie von ihren Herren die gnädige Erlaubnis, heimkehren zu dürfen, um ihren Haushalt zu ordnen und wieder auf- und einzurichten. Die Herren waren einverstanden und ließen dies zu, allerdings nur ungern. Denn wer hätte solche weisen Leute nicht gern jederzeit um und bei sich? Deshalb mussten sie ihren Herren versprechen, dass sie weiter zur Verfügung stünden, wenn man ihrer wieder einmal bedürfe. So kamen die Lalen, nachdem sie sich lange genug in der Ferne aufgehalten hatten, geehrt und reich beschenkt wieder heim. Denn ein weiser Mann ist wohl aller Ehren und allen Reichtums wert, und es wäre nicht zu viel, wenn man ihn mit Gold aufwiegen würde.

Sie fanden aber bei ihrer Rückkehr so viel Durcheinander und Unordnung in allen Dingen, dass sie sich, so weise sie auch waren, nicht genug wundern konnten, wie es hatte geschehen können, dass in der kurzen Zeit ihrer Abwesenheit so viel durcheinandergeraten war. Aber Rom, das man in vielen Jahren nur mit Mühe aufgebaut hat, könnte doch an einem Tag abgerissen und zerstört werden.

Die Frauen der Lalen freuten sich sehr über die Ankunft ihrer Männer, empfingen sie aber doch nicht alle in der gleichen Weise. Denn so, wie sie ihrem Wesen und ihrer Gestalt nach ungleich geartet und gesinnt waren, so empfingen etliche Frauen ihre Männer sehr freundlich und liebevoll, wie es eine ehrbare Frau billigerweise tun soll – dank der Tugenden, die vor allem dem weiblichen Geschlecht zur

Zierde gereichen. Andere aber fuhren ihre Männer mit harten, groben und spitzigen Worten an und begrüßten sie in ALLER etc. Namen* solchermaßen, dass es diesen Männern viel besser bekommen wäre, wenn sie mit dem Vieh heimgekehrt und ihm in den Stall gefolgt wären. Viele Frauen haben sich dies heutzutage leider angewöhnt und gewinnen dabei doch selten etwas anderes, als dass sie grobe Stöße abbekommen und ihre Männer unwillig machen.

Früher waren sie alle gemeinsam fröhlich gewesen, veranstalteten Freudenfeste, und die Frauen verstanden sich gut mit ihren Männern. Wie es aber die Art der Frauen ist, dass sie, wenn sie einmal angefangen haben zu bellen, so bald nicht mehr damit aufhören können, so hielten diese Frauen ihren Männern vor, wie dringend notwendig es gewesen war, dass sie wieder heimgekommen seien – sowohl wegen des Feldes, des Viehs und des Gesindes als auch wegen des kleinen Haushalts, der viel zu lange stillgelegen hatte und nicht versorgt worden war. Was sie hier und an anderen Orten versäumt hatten, das sollten sie nun bitteschön verbessern und wieder hereinholen und fürderhin ihr Gewerbe besser wahrnehmen, was die Männer ihnen auf Treue und Ehre versprachen.

Danach traten die Lalen zusammen und berieten, wie sie es bewerkstelligen könnten, dass ausländische Herren sie nicht mehr wie bisher plagen und abfordern könnten, so dass sie ruhig und unangefochten bei dem Ihrigen bleiben und sich in allem Frieden darum kümmern könnten. Da es nun aber schon spät und diese Beratung sehr wichtig war und deshalb einen eigenen Tag benötigte, hielten sie es für gut, am nächsten Tag wieder zusammenzukommen, die Dinge ernsthaft zu besprechen und am Ende einen Beschluss zu fassen, was getan werden solle.

So gingen die Lalen, nachdem sie sich an weisen Reden – die süßer und lieblicher als Honig schmecken und bei einer Mahlzeit schöner als Gold und Silber glänzen – wie auch an Speise und Trank nach ihrem Bedürfnis genugsam ergötzt hatten (die Weisen überfressen und besaufen sich nämlich nicht wie die Toren), ein jeder in sein Haus, und wer nicht länger wach bleiben wollte, der verkroch sich in seine Federn, so gut er sie mit der Gabel gestreut* fand.

6. KAPITEL

Wie die weisen Lalen zu Laleburg eine Ratsversammlung abhielten und sich letztlich entschlossen, eine närrische Lebensart anzunehmen.

Am nächsten Tag begaben sich meine Herren, die Lalen, unter die Linde, um zu beraten. Denn dort pflegten sie, sich zu versammeln, sooft eine regelmäßige oder besondere Notwendigkeit dies verlangte und solange es Sommer war. Im Winter machten sie das Wirtshaus zum Rathaus und den Sitz hinter dem Ofen zum Richterstuhl. Und nachdem sich der Schultheiß mit seinen Geschworenen zum Gericht niedergesetzt hatte, berieten sie in kurzer Zeit (denn diese weisen und gerechten Leute brauchten keine lange Bedenkzeit wie die Richter heutzutage) über viele schwierige und strittige Vorgänge, die sich während ihrer Abwesenheit angehäuft hatten.

Nachdem die Sitzung des Gerichts beendet war, wurden auch die Mitglieder der Gemeinde hinzugerufen, um die Hauptsache zu besprechen, derentwegen sie alle zusammenkommen sollten: Wie man dafür sorgen könne, dass sie nicht mehr von zu Hause abgefordert würden, sondern bei dem Ihren bleiben und sich um dieses kümmern könnten.

Zuerst erwogen sie nun sehr ernsthaft den großen Schaden und die Unannehmlichkeiten, die ihnen durch ihre Abwesenheit von zu Hause entstanden und erwachsen waren. Dann verglichen sie und hielten den gefundenen Schaden gegen den Nutzen, der ihnen von den ausländischen Herren, denen sie gedient hatten, zuteilgeworden war, und stellten fest, dass der Nutzen den Schaden kaum mindern und schon gar nicht aufwiegen konnte. Deshalb fragten sie reihum, was in dieser Angelegenheit wohl zu tun sei.

Da hätte einer die weisen und hochverständigen Ratschläge hören können, die auf die vorgelegte Frage von allen Seiten gegeben und sehr vernünftig vorgetragen wurden. Einige meinten, man solle sich mit den fremden Herren gar nicht mehr einlassen und die Verbindung zu ihnen aufgeben – und dies aus wichtigen Gründen. Es würde aber zu weit führen, sie hier darzulegen. Andere meinten, es sei besser, sich nicht ganz und gar von ihnen abzuwenden. Stattdessen sollte man ihnen so geradeheraus antworten und so kalte Ratschläge geben, dass sie sich von selbst abwendeten und die Lalen unbesucht und unbekümmert ließen. Andere rieten noch anders zu den Sachen – alles zum Besten des gemeinen Nutzens. Weil sich jedoch immer wieder etwas fand, das sich auf keine Weise reimen oder fügen wollte, wurde nichts Endgültiges, bei dem sie bleiben wollten, beschlossen.

Zuletzt trat ein alter Lale hervor und entfaltete folgenden Gedanken: Es gebe doch nur eine einzige Ursache, um derentwillen sie aus ihrem Zuhause in die Ferne gerufen würden, nämlich ihrer aller hohe Weisheit und ihr großer Verstand, derer man sich dort bedienen wolle. Ihnen selbst jedoch sei ihre Abwesenheit nicht von Nutzen und in ihrer Küche würde ihnen (wie man zu sagen pflegt) davon auch kein Speck wachsen. Deshalb dünke ihn, Folgendes sei das Beste: wenn bloß die Weisheit die Ursache ihrer Abwesenheit sei, müsse ja wohl deren Gegenteil, die Torheit oder Narrheit, sie vor denjenigen schützen, die sie bisher von zu Hause abgefordert hätten. Wie man die Männer zuvor wegen ihrer Weisheit abgefordert und in die Fremde gerufen habe, werde

man sie nun – wegen ihrem Aberwitz und ihrer Torheit – daheim bleiben und in Ruhe lassen. Aus Gegensätzen ergeben sich immerzu neue Gegensätze. Deshalb sei er der Meinung, dass sie alle gemeinsam, ohne jemanden auszuschließen – Frauen und Kinder, Junge und Alte inbegriffen – die allerwunderbarnarrseltsamabenteuerlichsten Possen, die man sich nur ausdenken kann, anfangen und reißen sollten. Und was einem jeden Närrisches in den Sinn komme, das solle er tun. Dies werde ihnen umso leichter fallen, wenn sie sich auf ihrer aller hohe Weisheit besinnen würden. Denn es heißt ja, wenn man etwa in einer Komödie oder anderswo einen Narren brauche, so seien keine Leute tauglicher, solche Rollen auszufüllen, als eben die Weisesten und Geschicktesten. Es ist keine geringe Kunst, einen Narren gut zu spielen und darzustellen. Und es geschieht wohl oft, dass es einem, der den Versuch macht, aber die richtigen Griffe nicht kennt, so sehr misslingt, dass er ganz zum Toren wird und ein Narr bleibt sein

Leben lang, denn der Kuckuck behält seinen Gesang, die Glocken ihren Klang und der Krebs seinen Gang. Er meine auch nicht, dass dies jemandem nachteilig oder schädlich sein könnte, sondern hoffe, dass es ihnen allen ersprießlich und nützlich sein werde. Diesen Handel führte nun der Lale mit langer, zierlicher Rede aus, aber ich halte es für unnötig, dies in längeren Worten noch einmal zu wiederholen.

Dieser erste wohlbedachte Rat wurde von allen mit großem Eifer und Ernst erwogen, und er löste allerlei Fragen aus. Denn weil dieser Punkt sehr wichtig und schwierig war und ihrer aller Heil und Wohlfahrt davon abhing, wollte man sich hierbei nicht zur Eile treiben lassen.

Gut Ding muss haben gute Weil:
Erst wieg's, dann wag's, so triffst das Ziel.
Zu sehr eilen tut nie gut:
G'mach gehend man auch weit kommen tut.

Da man aber nichts Unpassendes fand, das daraus entstehen und erfolgen könnte, wurde einmütig erkannt und beschlossen, diese Meinung in all ihren Artikeln und Punkten mit allem Ernst und Fleiß zu prüfen und auf's Erste ins Werk zu setzen.

Schließlich ging die Gemeinde auseinander, nachdem man verabredet hatte, dass ein jeder darüber nachdenken solle, was für's Erste zu tun sei oder bei welchem Zipfel man die Narrenkappe ergreifen sollte.

Doch zweifelsohne hat so mancher insgeheim bedauert, dass er erst jetzt, auf seine alten Tage, nachdem er so viele Jahre gewitzt gewesen war, ein Narr werden sollte: wie denn die Narren selbst (aus dem Weg! damit ich nicht dich und mich zugleich treffe, denn es muss gewagt werden und gelten) es nicht vertragen können, dass ihnen ihre Torheit, vor der ihnen selbst ekelt, durch einen Narren vorgeworfen oder vorgehalten wird. Aber in Anbetracht dessen, dass es hier um den gemeinen Nutzen geht, für den jeder auch sein Leben – und wenn's ihm noch so lieb wäre und ihm noch so viel daran läge – gern und sogar mit Freuden darbringen und opfern würde, waren sie allesamt willig, sich ihrer Weisheit zu entledigen und auf sie zu verzichten und dem gemeinen Nutzen zuliebe auf einer anderen Geige zu spielen. So hat denn hiermit die Weisheit der Laleburger als ein Vexordium* zu dieser Geschichte ein Ende, und es folgt die Narration.*

Nun kommet her ihr lieben Knaben,
Die ihr begehret, Platz zu haben,
Zu sehen folgends Lalespiel:
Jedem ich einen Ort geben will
Nach seiner Würde, seinen Ehren:
Wolle sich da bitte keiner sperren.
Welsch Kramantzen* taugt hier nicht,
Nach Landesbrauch sich jeder richt.
Wer sich nicht schicket recht zu'n Sachen,
Den woll'n wir auch zum Lale machen.

7. KAPITEL

Wie die Lalen auf die Idee kamen,
ein neues Rathaus zu bauen,
und wie es dabei zuging.

Als an einem der folgenden Tage wegen des erwähnten wichtigen Vorhabens die Gemeinde noch einmal zusammengerufen wurde, um zu beraten, wie sie ihrer Torheit einen Aufsehen erregenden Anfang verschaffen könnte, damit die Sache früher in Gang komme und rasch bekannt werde, da wurde zuletzt noch einmal abgestimmt und endlich ein Beschluss gefasst. Demzufolge wollten sie von nun an ein anderes Regiment, Wesen und Leben annehmen. So sollte denn zu einem glücklichen Anfang erst einmal ein neues Rathaus, wie ihre Narrheit es ertragen könnte und leiden mochte, mit Hilfe und auf Kosten der Allgemeinheit gebaut und errichtet werden. Denn in ihrem Sinne waren sie schon damals keine geringen Narren mehr.

Dabei ging es dann aber noch nicht so ganz und gar ungereimt zu. Diejenigen, die noch nicht vollständig auf ihre Weisheit verzichtet hatten, mussten es, weil sie noch einen Rest davon in sich hatten, so einrichten, dass sie ihre Narrheit nicht in großen Klumpen oder auf einen Schlag hervorbrechen ließen, denn dadurch wäre ihre angenommene Torheit leicht verraten worden. Darum wollten sie ihren Narren ganz weise eine Zeitlang hinter den Ohren verbergen, bis sie eine Gelegenheit fänden, ihn nach und nach herauszulassen.

Nach dem Ratschlag, den sie – das neue Rathaus betreffend – fassten, hatten sie aber auch ein seltsames Exempel an ihrem Pfaffen, den, wenn er nur das Läuten hörte, ein solcher Eifer packte, dass er jedes Mal meinte, er müsse nun sofort mit seinem Predigtbuch auf die Kanzel rumpeln. Nachdem sich die Lalen mit ihm eingelassen und verständigt hatten, verlangte er von ihnen, dass sie ihm, bevor er aufstünde, um zu predigen, eine neue Kanzel aus gutem, starkem Eichenholz machen ließen – mit Eisen wohl beschlagen, damit sie seine starken Worte, die er jederzeit hervorbringen werde, erdulden und ertragen könne.

Dieser Rat wurde zum Beschluss und war den Lalen höchst gefällig und angenehm. Sie erboten sich alle, mit Leib und Gut dabei behilflich zu sein. Denn es sah danach aus, dass etwas anderes daraus würde, als der große Dichter verheißt: *Parturiunt montes / nascetur ridiculus mus.**

Das heißt:
Einstmals die Berge sich gestellten,
  Als ob sie Junge machen wöllten.
Die Menschen standen in großen Sorgen,
  Sprachen: Nun sind wir all verdorben,
Solln diese Berge Junge hecken,

So werden sie uns all bedecken.
Niemand wusste, was wollt werden draus,
Da war es nichts als eine kleine Maus:
Dieselbe schloff aus dem Berg herfür,
Nachdem sie hätt' die Welt gmacht irr.

Als nun die Glocken des neuen Rathauses, wie man sagt, halb gegossen waren, die Ämter verteilt und alles verabredet und geordnet war, wie es bei einem so wichtigen Werk unbedingt erforderlich ist, stellte sich heraus, dass nichts mehr fehlte als ein Pfeifer oder ein Geiger, der mit seinem lieblichen Gesang und Klang das Holz und die Steine herbeigelockt hätte, dass sie von selbst gelaufen kämen, um sich fein ordentlich, wie bei einem solchen Bau nötig, aufeinanderzulegen. Wie man es bei den alten Schreibenten* über Orpheus* lesen kann: dass, wenn er auf seiner Harfe spielte, nicht nur die Vögel und die wilden Tiere, sondern auch die Bäume und ganze Wälder, ja, ganze Berge ihm nachgezogen seien, um seinen lieblichen Gesang zu hören (es muss sich das wohl in der Zeit zugetragen haben, als die Berge noch gehen und sprechen konnten). Auch große Wasserflüsse habe dieser Orpheus dazu gebracht, stillzustehen, ihm zuzuhören und sich an seinem Gesang zu ergötzen und zu erquicken. Dergleichen liest man auch von Amphion.* Der brachte es mit dem lieblichen Klang seiner Harfe zuwege, dass ihm die Steine nachzogen, sich fein ordentlich übereinander gefügt und so die Ringmauern der Stadt Theben in Boeotien* aus sich selbst errichtet haben – mit hundert Toren und ohne Zweifel noch viel mehr Türmen.

Einen solchen Geiger hätten sie zur Beförderung ihres geplanten Baues gut brauchen können, wie sie es sich dann auch vielmals gewünscht haben, denn er hätte ihnen viel Mühe und Arbeit abgenommen und wohl auch erspart. Da aber ein solcher nirgendwo zu finden war, einigten sie sich darauf, das Werk gemeinsam anzugehen und einer dem anderen zu helfen und damit nicht eher aufzuhören, als bis der Bau aufgeführt und vollendet wäre, so dass man ihn in Gebrauch und Besitz nehmen könnte.

8. KAPITEL

Wie die Lalen das Bauholz für ihr neues Rathaus fällen und die Hölzer mit großer Mühe den Berg hinabbringen und dann wieder hinauf.

Die Lalen waren gleichwohl noch so weitsichtig (erst später sollte ihre Weisheit wie das Licht einer Kerze abnehmen und zuletzt ausgehen), dass sie wussten: Bevor man mit dem Bau anfangen kann, müssen Bauholz und andere Sachen mehr vorhanden sein. Echte Narren hingegen hätten ohne Holz, Steine, Kalk und Sand angefangen zu bauen. Darum zogen die Lalen allesamt und einmütig miteinander in das Gehölz, das auf der anderen Seite des Berges in einem Tal lag, und fingen an, nach dem Rat und den Angaben des Baumeisters das Bauholz zu fällen. Als es schließlich von den Ästen gesäubert und vorbereitet war, wünschten sich alle, eine Armbrust zu haben, mit der sie das Holz hätten heimschießen können, und meinten, mit einem solchen Mittel könnten sie sich eine unsägliche Mühe und Arbeit ersparen. Aber:

Der Hättich und der Wolltich,
Desgleichen auch der Solltich
Sind Brüder g'wesen alle,
Gewannen dennoch nichts zumale.
Hättich und Wolltich wenig hatten:
Des Solltichs Brüder gar nichts taten.

Deshalb mussten die Lalen die Arbeit selbst verrichten, was ihnen genug Mühe machte, zumal man den Narren und vor allem den Willignarren mit Kolben lausen soll.* So machten sie sich über die großen Bauhölzer her, und mit hartschwerer Mühe und vielmaligem In-die-Hände-Spucken und, glaubt mir, nicht ohne viel Schnaufen und Luftschnappen brachten sie zuletzt dieselbigen den Berg hinauf und auf der anderen Seite wieder hinunter: alle bis auf eines, das nach ihrem Verstande das letzte gewesen ist.

Dasselbe fesseln sie genau wie die anderen auch und bringen es mit Heben, Lupfen, Schieben, Treiben, Stoßen, Trollen, Rollen, Wallen, Schleifen, Ketschen, Tragen, Legen, Schalten, Schürgen, Rutschen, Ziehen, Kehren, Stellen, Winden und Wenden, vor sich, hinter sich, über sich, unter sich, links und rechts neben sich, in die Breite, in die Länge oder quer, den Berg hinauf und auf der anderen Seite halbwegs hinunter.

Ich weiß nicht, ob sie etwas übersehen haben und das Holz nicht richtig gefesselt und gebunden war, oder ob die Stricke und Seile zu schwach gewesen und deshalb gerissen sind: Der Baum entgleitet ihnen, so dass sie ihn nicht mehr festhalten können, und fängt an, selbst fein allgemach den Berg hinabzulaufen, bis er zu den anderen Hölzern kommt, wo er still liegenbleibt wie jeder andere Stamm. Dem Verstand dieses groben Holzes sahen die Lalen bis ans Ende zu und wunderten sich sehr.

»Nun sind wir ja alle«, sprach ein Lale, »große Narren und doppelte Zwölfesel, dass wir uns so große Mühe und Arbeit gemacht haben, bevor wir die Bäume den Berg hinuntergeschafft haben. Und keiner von uns war so schlau, dass er gedacht hätte,

diese Bäume könnten selbst besser hinabgehen, als wenn wir sie schleifen, ketschen und tragen. Aber wir Narren müssen eben durch unseren eigenen Schaden klug werden.«

»Diesem«, sagte ein anderer Lale, »kann Rat verschafft und geholfen werden, bevor eine blinde Katze ein Auge auftut. Wer die Stämme hinabgeschafft hat, kann sie auch wieder hinaufschaffen. Wer mitmachen will, der mache ein Eselsohr. Wir wollen uns kräftig anstrengen und alle Hölzer wieder hinaufschleifen. So können wir sie dann in aller Ruhe den ganzen Weg hinunterrutschen lassen – wobei wir dann nur noch zusehen und unseren Spaß haben und hierdurch für unsere Mühe entschädigt werden.«

Dieser Rat gefiel ihnen allen überaus gut. Alle machten sie Eselsohren und einer schämte sich für den anderen, dass er nicht so schlau gewesen sei. Doch dann freuten sich alle gemeinsam, dass sie eine erste Probe ihrer Torheit und ihrer Narrheit geben sollten.

Dazu machten sie sich wieder über die Hölzer her und legten sich ins Zeug. Nachdem sie zuvor unsägliche Mühe und unglaubliche Arbeit damit gehabt hatten, das Holz den Berg hinabzuschaffen, mussten sie sich jetzt gewiss noch dreimal mehr anstrengen, ehe sie es wieder hinaufgeschafft hatten. Denn abgearbeitet und ermattet waren sie schon vorher, so dass sie kaum noch etwas zuwege brachten. Lieber wären sie ins Wirtshaus gegangen. Schließlich brachten sie die Hölzer wieder hoch oben auf den Berg – nur das eine nicht, das sie nur halb hinaufgezogen hatten, weil es zuvor schon halbwegs hinabgerutscht war. Und nachdem sie eine Weile verschnauft hatten, ließen sie dieselben Stämme einen nach dem anderen wieder hinabrollen. Sie aber standen oben, sahen zu und hatten ihren Spaß daran. Hiermit wurden denn ihr Herz und ihr Gemüt zufriedengestellt und das erste Muster oder Probestück ihrer Narrheit gegeben – weshalb sie denn, weil es ihnen beim ersten Mal so gut gelungen war, ganz fröhlich heimzogen, im Wirtshaus saßen und, weil sie etwas für die Allgemeinheit getan hatten, billigerweise ein großes Loch ins Gemeine Gut fraßen.

Wenn nur der sollt das Gemeine Gut
Verzehren, der Gemeine Werke tut,
Wie würde er so köstlich leben
Und dennoch keinen Schaden geben.
Wo aber solch Gut wird verzehrt
Durch die, so es nicht haben gmehrt,
Erst recht nicht helfen es erhalten,
Wie sollte da nicht alles Unglück walten?

9. KAPITEL

Wie die Laleburger ihr Rathaus errichtet und die Fenster vergessen haben.

Nachdem das Bauholz, wie berichtet, herbeigeschafft und zugeschnitten war und auch alles andere, was zu ihrem Rathaus benötigt wurde – Steine, Sand, Kalk und dergleichen –, bereitlag, da fingen die Lalen ihren Bau einhellig mit solchem Eifer an, dass jeder, der es gesehen hat, sagen musste, es sei ihr bitterer Ernst gewesen. So hatten sie in wenigen Tagen, da es sie nach etwas Närrischem verlangte, die drei Hauptmauern, weil sie etwas Besonderes, nämlich ein dreieckiges Haus haben wollten, hochgezogen, die Balken gelegt und alles vollendet. An einer Seite ließen sie ein großes Tor, um das Heu dort zu lagern, das der Gemeinde zusteht und das sie gemeinsam vertrinken durften. Was dann auch ihrem Herren, dem Schultheißen (ohne dass sie daran gedacht hätten) willkommen war. Denn wäre diese Luke nicht gewesen und er hätte in den Rat gehen müssen, so hätte er mitsamt seinen Gerichts- und Ratsherren über das Dach einsteigen müssen, was zwar zu ihrer Narrheit passte, aber doch sehr unbequem gewesen wäre – wegen der Jacken, die dabei zerrissen wären, und auch wegen der Beine, die bei einem Sturz leicht hätten brechen können (vor allem, wenn diese Herren die Reste der nächtlichen Schlemmerei oder den Trunk noch nicht verdaut und ausgeschlafen hätten), was sehr schädlich gewesen wäre. Danach machten sie sich an das Dach, das nach den drei Ecken des Baues eingeteilt war, setzten auch den Dachstuhl auf die Mauern und meinten, hiermit sei die ganze Arbeit bis auf das Dachdecken vollendet. Darauf zogen sie fröhlich in das Haus, wo der Wirt einen Ring, in dem ein Glas hängt, draußen angebracht hatte und seine Gäste oft betrog. Dort ließen sie sich abermals kräftig einschenken – auf Kosten der Allgemeinheit, weil ihre Arbeit ja ebenfalls der Allgemeinheit zugute kam, und wollten das Dach, obwohl sie noch reichlich Zeit dazu gehabt hätten, erst am nächsten Tag eindecken, damit sie nach gemeinnütziger Arbeit dann wieder ein Gefräß auf Kosten der Allgemeinheit bekämen. Wirt schenk ein: der Lale trinkt, der Lale trinkt.

Als am nächsten Tag mit der Glocke das Zeichen gegeben worden war, vor dem niemand kommen und arbeiten darf, kamen sie wieder zusammen, stiegen in den Dachstuhl und fingen an, das Rathaus einzudecken. Zu dieser Arbeit stellten sie sich alle hintereinander – einige ganz oben auf das Dach, andere weiter unten, auch auf die Latten, einige zuoberst auf die Leiter, andere weiter unten, etliche auf den Boden bei der Leiter, andere weiter entfernt und so immer weiter, bis zu dem Ziegelhaufen, der einen guten Steinwurf weit vom Rathaus entfernt lag. So ging denn jeder Ziegel durch aller Lalen Hände – vom ersten, der ihn aufhob, bis zum letzten, der ihn an seinen Platz legte, damit ein Dach draus würde. Da ging es nicht anders zu als bei den Ameisen, wenn sie im Sommer die Winterspeisen einbringen.

Aber so wie man willige Rösser nicht überfordern soll, hatten sie eine Anordnung erlassen, dass zu einer gewissen Stunde die Lale-Glocke geläutet würde – zum Zeichen des Abzugs von der Baustelle und des Einzugs ins Weinhaus. Als derjenige, der am nächsten bei dem Ziegelhaufen gewesen war, den ersten Schlag der Glocke hörte, ließ er den Ziegel, den er schon aufgehoben hatte, wieder fallen und – läufst du nicht, so gewinnst du nichts – beeilte sich, ins Wirtshaus zu kommen. Die anderen machten es vom ersten bis zum letzten Mann genauso. Alle liefen sie hintereinander her wie die Schneegänse, wenn sie fliegen, damit nur ja keiner einen Schluck versäumte. Damals geschah es, dass diejenigen, die als Letzte an die Arbeit gingen, im Wirtshaus die Ersten und die Obersten am Tisch waren. So machten sie es, damit sie später nicht vor den anderen aufstehen konnten, und deshalb auch die Letzten sein würden.

Die Zimmerleute machten es genauso. Sobald einer von ihnen den ersten Glockenschlag hörte und schon mit der Axt zum Schlag ausholte, tat er diesen nicht mehr, sondern nahm die Axt auf die Achsel – und dann: läufst du nicht, so trinkst du nicht! Aber warum hatten es alle so eilig, von der Arbeitsstelle wegzukommen? Entweder damit sie desto bälder wieder zur Arbeit kämen – oder aber damit sie desto länger ihren Platz am Tisch hätten, welches wohl am glaublichsten ist.

Nachdem ihr Werk vollendet war, wollten die Lalen in ihr Rathaus gehen, um es zur Ehre aller Stultorum* einzuweihen und danach in aller Narren Namen auszuprobieren, wie es sich beim ersten Mal darinnen beraten lässt. Aber als sie in aller Ehrbarkeit eingetreten waren: *Ecce, vide*, schau, guck, siehe, lug, potz Velten*, videte* – da war es ganz und gar finster, und zwar so finster, dass einer den anderen auch kaum hören konnte. Hierüber erschraken sie sehr und konnten sich einfach nicht vorstellen, was die Ursache sein könnte, ob vielleicht beim Bau ein Fehler gemacht worden sei, wodurch das Licht vertrieben oder abgehalten werde.

Also gingen sie wieder hinaus zu ihrem Heutor, um herauszufinden, wo der Fehler liege, stellten aber fest, dass die drei Mauern ganz seien und das Dach fein ordentlich darauf stehe – so dass es draußen, wo Licht genug ist, an nichts fehlt. Sie gingen aber auch wieder hinein, um drinnen zu erkunden, worin der Mangel bestünde – wo sie dann aber noch viel weniger sehen konnten, wegen des Mangels an Licht. Ach, was rede ich da viel! Die Ursache war ihnen unbekannt und verborgen. Sie konnten diese weder finden noch erraten, so sehr sie sich auch ihre närrischen Köpfe darüber zerbrachen. Deshalb erfüllte sie große Angst, und sie schlugen vor, zur Klärung der Angelegenheit einen allgemeinen Ratstag abzuhalten.

10. KAPITEL

Wie die Lalen berieten,
Licht in ihr Rathaus zu tragen.

Als nun der festgesetzte Ratstag gekommen war, erschienen die Lalen voller Eifer und setzten sich. Keiner blieb weg, denn es betraf sie alle. Aber jeder hatte einen angezündeten Lichtspan mitgebracht und ihn, nachdem sie sich gesetzt hatten, auf seinen Hut gesteckt, damit sie in dem finsteren Rathaus einander sehen konnten und der Schultheiß bei der Beratung jeden mit seinem Namen und seinem Titel ansprechen konnte. Als nun die Beratung darüber begann, wie man mit dieser Angelegenheit umgehen solle, wurden viele gegensätzliche Meinungen laut, wie es bei zweifeligen Händeln oft zu geschehen pflegt.

Und als es schon so aussah, als wollten die meisten, dass man den ganzen Bau wieder abbrechen, neu errichten und dabei besser aufpassen sollte, da trat einer auf, der zuvor unter allen der Weiseste gewesen war, nun aber der Allertörichtste sein wollte, und sprach: Er habe, als er noch der Weisheit anhing und ehe er sich ihrer entledigt hatte, oftmals gehört, dass man durch Exempel und Beispiel vieles lehren, lernen und begreifen kann. Weshalb denn Aesop seine Lehren durch Fabeln in Gestalt kurzer Geschichten habe vor Augen stellen wollen. Nun wolle auch er eine solche Geschichte erzählen, die sich mit der Frau des Sohnes vom Bruder des Großvaters seiner lieben Großmutter zugetragen habe.

»Der Sohn vom Bruder des Großvaters meiner Großmutter, Udis* geheißen, hörte einmal, wie jemand sagte: ›Ei, die Rebhühner schmecken aber sehr gut.‹ – ›Hast du sie denn auch gegessen‹, sprach der Sohn vom Bruder des Großvaters meiner Großmutter, ›dass du es so gut weißt?‹ – ›Nein‹, sagte der andere, ›aber vor fünfzig Jahren hat mir's einer gesagt, dessen Großmutters Großvater sie in seiner Jugend bei einem Edelmann hat essen sehen.‹ Bei dieser Rede packte den Sohn vom Bruder des Großvaters meiner Großmutter ein Kindbettgelüst, dass er gern etwas Gutes hätte essen mögen. Deshalb sagte er zu seiner Frau, Udena* geheißen, sie solle ihm Küchlein backen: denn Rebhühner waren ja nicht zu haben. Da fiel ihm denn nichts Besseres ein als Küchlein. Sie aber, die besser Bescheid wusste, was ihr Butternapf zu leisten imstande war und was nicht, entschuldigte sich: sie könne ihm aus Mangel an Butter oder Schmalz (wie du willst) für diesmal keine Küchlein backen, und bat ihn deshalb, wegen der Küchlein einstweilen Geduld zu haben. Aber der Sohn vom Bruder des Großvaters meiner Großmutter wollte sich mit so schlichtem, magerem, dürrem, trockenem, ungesalzenem und ungeschmalzenem Bescheid nicht so einfach abweisen lassen und sagte deshalb: Was immer der Butternapf zu bieten habe, sie solle zusehen, dass sie ihm Küchlein backe. Und wenn sie weder Butter noch Schmalz dazu hätte, dann solle sie es mit Wasser versuchen. ›Das geht nicht, mein Udis‹, sprach Frau Udena: ›sonst hätte ich mir selbst längst Küchlein gebacken und mich mit Wasser beholfen.‹ – ›Du weißt es nicht‹, sagte der Sohn vom Bruder des Großvaters meiner Großmutter, ›weil du es nie versucht hast. Mach erst einen Versuch, und wenn nichts dabei herauskommt, kannst du von mir aus sagen: Es geht so nicht.‹

Kurzum, wenn die Frau des Sohnes vom Bruder des Großvaters meiner Großmutter Ruhe und Frieden haben wollte, so musste sie dem Mann sein Begehren erfüllen. Also rührt sie einen Küchleinteig an, ganz dünn, als wollte sie Streusel backen, setzt eine Pfanne mit Wasser aufs Feuer und tut den Teig hinein. Aber es wollte nichts werden, wollte sich ganz und gar nicht vermischen, so dass Küchlein daraus hätten werden können. Stattdessen zerfloss der Teig im Wasser, und es wurde ein Mus oder Brei daraus, was die Frau zornig machte und den Mann betrübte. Denn sie sah, dass die Arbeit, das Holz und das Mehl – die Wasserbutter nicht gerechnet – verloren waren. Der Sohn des seligen Bruders vom Großvater meiner Großmutter stand dabei, hielt einen Teller hin und wollte das erste Küchlein fein warm aus der Pfanne essen, wurde aber betrogen. ›Potz Kramet*, schäm dich‹, sprach die Frau des Sohnes vom Bruder des Großvaters meiner Großmutter, ›sieh doch! Habe ich dir nicht gesagt, dass es nicht geht. Immer willst du recht behalten und hast doch nicht

die mindeste Ahnung davon, wie man Küchlein backen soll.‹ – ›Schweig, meine Udena‹, sprach der Sohn vom Bruder des Großvaters meiner Großmutter, ›lass dich's nicht gereuen, dass du es versucht hast. Man versucht eine Sache auf so viel Wegen, bis sie zuletzt doch geraten muss. Ist es diesmal nicht geraten, so gerät's vielleicht ein andermal. Es wäre ja ein feines, nützliches Kunststück gewesen, wenn es ungefähr geraten wäre.‹ – ›Ich meine wohl ja‹, sagte die Frau des Sohns vom Bruder des Großvaters meiner Großmutter, ›ich wollte selbst alle Tage Küchlein gegessen haben.‹ – Um aber diese Geschichte«, sprach der oft erwähnte Lale, »auf unser Vorhaben zu beziehen: Wer weiß denn, ob das Licht und der Tag sich nicht in einem Sack tragen ließen, so wie man Wasser in einem Eimer trägt. Keiner von uns hat es jemals versucht. Darum wollen wir, wenn es euch recht ist, dabei bleiben. Gerät es uns, so haben wir für alle Zeit viel gewonnen und werden als Erfinder dieser Kunst großes Lob damit erjagen. Geht es aber nicht, so ist es doch zu unserem Vorhaben mit der Narrheit durchaus dienlich und nützlich.«

Dieser Rat gefiel allen Lalen so gut, dass sie beschlossen, ihn in aller Eile zu befolgen. So kamen nach Mittag, als die Sonne am besten schien, alle vor das neue Rathaus – jeder mit einem Geschirr, mit dem er meinte, den Tag fassen und hineintragen zu können. Etliche brachten zur Sicherheit auch Picken, Schaufeln, Hacken, Gabeln und anderes herbei, damit ihnen nur ja keine Fehler unterliefen.

Sobald nun die Glocke eins geschlagen hatte, hätte jeder gestaunt, wie sie alle anfingen zu arbeiten. Etliche hatten lange Säcke bei sich, ließen die Sonne bis auf den Boden hineinscheinen, knüpften sie dann eilends zu und liefen damit ins Haus, um den Tag dort auszuschütten. Ja, sie redeten sich ein, sie trügen an den Säcken viel schwerer als zuvor, da sie noch leer gewesen waren. Andere taten das Gleiche mit anderen verschließbaren Gefäßen – mit Töpfen, Kesseln, Zubern und dergleichen. Einer lud den Tag mit einer Strohgabel in einen Korb, der andere mit einer Schaufel. Manche gruben ihn aus der Erde hervor. Vor allem einer der Lalen soll hier nicht vergessen werden, der glaubte, er könne den Tag mit einer Mausefalle fangen, ihn also mit Gewalt zwingen und ins Haus bringen. Dass ich's kurz mache – jeder trieb es da so, wie sein närrischer Kopf es ihm an- und eingab.

Dergleichen trieben sie, weil die Sonne geschienen hatte, den ganzen Tag mit solchem Eifer und

Ernst, dass sie alle darob müde wurden und vor lauter Hitze fast austrockneten und ihr erlagen. Aber sie richteten mit all dieser Arbeit ebenso wenig aus wie vor Zeiten die ungeheuren Riesen, als sie viele große Berge anhäuften und den Himmel zu stürmen vermeinten. So sagten die Bauleute zuletzt: »Es wäre doch eine feine Kunst gewesen, wenn's denn gelungen wäre.« So zogen sie schließlich ab und hatten doch dies gewonnen: dass sie auf Kosten der Allgemeinheit zum Wein gehen und sich wieder erquicken und erlaben durften.

11. KAPITEL

Ein durchreisender Landstreicher gibt den Lalen einen Rat, wie sie den Tag in ihr Rathaus bringen können, und betrügt sie dabei.

Während die Lalen, wie eben gehört, bei ihrer Arbeit waren, kam zufällig ein fremder Wandersmann vorbei. Er blieb stehen, sah ihnen lange zu, vergaß sein offenes Maul und wäre fast selbst ein Lale geworden, indem er nicht begriff, was dieses Treiben zu bedeuten habe. Am Abend saß er still und neugierig in der Herberge, um zu erfahren, was sie da Abenteuerliches veranstaltet hätten, und fragte, warum er sie in der Sonne habe arbeiten gesehen und doch nicht verstand, was sie da getan hätten. Das erklärten ihm die anwesenden Lalen bald: sie hätten versucht, die Helle des Tages in ihr neu gebautes Rathaus zu tragen.

Der fremde Gesell war ein gründlich ausgekochter Vogel ohne Federn und Flaum am Leib und glaubte, hier gebe es einen Raub zu erjagen, den er sich nicht entgehen lassen wollte. Deshalb fragte er sie, ob sie mit ihrer Arbeit etwas ausgerichtet hätten. »Nicht das Geringste«, sagten die Lalen. »Das liegt daran«, sagte er Gesell, »dass ihr die Sache nicht so angepackt habt, wie ich es euch wollte geraten haben.« Als die Lalen dies hörten, freuten sie sich so sehr wie die Juden in Frankfurt, als jemand ihnen Prophetenbeeren* feilgeboten hatte, und versprachen ihm von dem ganzen Flecken und seinen Einwohnern ein großes Geschenk, wenn er ihnen in dieser Sache einen Rat geben könnte. Das wolle er am morgigen Tag tun, versprach er ihnen. Darum luden sie ihn ein, es sich gut gehen zu lassen, und befahlen dem Wirt, ihm tapfer aufzutragen und vorzulegen – und was er esse, solle der Wirt in das Kerbholz der Gemeinde ritzen. So war der gute Gesell in dieser Nacht Gast und zechte redlich ohne Geld – und dies zu Recht, weil er von nun an ihr Baumeister sein sollte.

Als dann die liebe Sonne den Lalen von Laleburg (es gibt nämlich auch noch andere Lalen) den hellen, lieben, lichten Tag zurückgebracht hatte und kräftig schien, führten sie den Gesellen zum Rathaus und besahen es mit allem Fleiß oben und unten, hinten und vorn, innen und außen. Da nun der fremde Künstler sich mit Schalkheit darüber beraten hatte, was hier zu tun sei, hieß er die Lalen hinaufsteigen und die Dachziegel noch einmal abnehmen, was denn auch bald geschehen war. »Nun habt ihr«, sprach er, »den Tag in eurem Rathaus. Den mögt ihr darinnen lassen, solange es euch gefällt. Und wenn ihr ihn leid seid, könnt ihr ihn auch wieder daraus vertreiben.«

Aber die Lalen verstanden nicht, dass er gemeint hatte, sie sollten das Dach nicht wieder zudecken, sonst würde es so finster wie vorher. Sie ließen es deshalb eine gute Sache sein, saßen dort auch zusammen und hielten den Sommer über Rat darinnen. Sie verehrten dem Künstler eine ordentliche Belohnung aus dem Gemeindesäckel und ließen ihn mit großem Dank davonziehen. Der gute Gesell tat, was jeder andere gute Schlucker auch getan hätte – er nahm den Lohn an, zählte nicht lange nach, sondern machte sich auf den Weg, schaute noch oft hinter sich, ob ihm niemand nacheilte, um ihm das Geld wieder abzunehmen, und kam auch nie wieder zurück. Bis heute weiß niemand, wer oder woher er gewesen und wohin er gegangen sei. Die Lalen sagten über ihn bloß dies: Der Rücken sei das Letzte gewesen, was sie von ihm gesehen hätten.

12. KAPITEL

Wie die Lalen die Ursache der Finsternis in ihrem Rathaus begreifen und sie abschaffen.

Die Lalen erfreute ihr neu gebautes Rathaus über alle Maßen. Den ganzen Sommer über hielten sie darin ihre Sitzungen ab und verhandelten wichtige Angelegenheiten – den Gemeinen Nutzen, das Vaterland und die Verbesserung desselben betreffend. Sie hatten dabei solches Glück, dass es den ganzen Sommer über, wenn sie im Rat saßen, nie regnete. Inzwischen aber begann dieser liebliche Sommer sein schönes, fröhliches Angesicht zu verbergen, wohingegen der leidige Winter seinen rauhen Schnabel hervorstreckte, gegen den sie bald nicht mehr ankamen, sondern klein beigeben mussten. Deshalb besannen sie sich darauf, dass man wie unter einem großen, breiten Hut (nach Art derer, die die jungen Lalen oder Flachköpfe aus fremden Ländern mitbringen, wenn sie so weit reisen, dass sie in ihrer Heimat die Glocken nicht mehr läuten hören und so lange wegbleiben, dass sie ihre Muttersprache vergessen, ihr Vaterhaus nicht wiederfinden, sondern danach fragen müssen und die alten Katzen nicht mehr kennen), wie man (sage ich) unter einem großen Wetterhut vor dem Regen sicher sein könne, so werde man auch unter dem Dach, welches für das

Haus wie ein Regenhut sei, gegen den Schnee und andere Unbilden wohl beschirmt. Deshalb machten sie das Dach in aller Eile in gemeinsamer Anstrengung wieder zu – in der Absicht, so wie sie den ganzen Sommer über an der Sonne (wie der Schäfer am Berghang) gefaulenzt hatten, nun den Winter über diesen Sommer in die Stube an den Ofen zu setzen und sich bei ihm um Hilfe und Rettung für die erfrorenen Leute zu bemühen.

Als aber das Dach wieder eingedeckt war und sie ins Rathaus gehen wollten, siehe – da war es dort (leider) genauso dunkel und finster wie früher, bevor sie von dem Wanderer die Taginshauszutragenersparungskunsterfindung erlernt hatten. Denn jetzt erst bemerkten sie, dass sie hinters Licht geführt und schändlich betrogen worden waren. Aber sie mussten es als geschehen hinnehmen und das Beste daraus machen. Es war zu spät, den Beutel zuzuziehen, nachdem das Geld weg war – oder den Stall zu schließen, nachdem die Kuh daraus entführt worden war. Gleichwohl saßen sie nun wieder mit ihren Lichtspänen auf dem Hut zusammen (mit denen sie sich längst, solange ihr Rathaus stünde, abgefunden hatten) und hielten sehr geschwind eine geheime Beratung darüber ab, die sich bis weit in den Tag hineinzog.

Als nun die Umfrage von einem zum anderen ging, kam sie zuletzt auch an einen, der sich nicht der Ungeschickteste zu sein deuchte (dessen Namen ich hier ehrenhalber weglasse). Der stand auf und sagte, er gebe denselben Rat, den sein Vetter geben werde, und verließ dann mit Erlaubnis die Versammlung: vielleicht um sich zu räuspern, wie denn die Bauern oftmals einen so bösen Husten haben, dass niemand bei ihnen bleiben mag, oder aber um das Wasser über die Berge hinabzurichten. Während er nun in der Finsternis (denn sein Lichtspan war ihm erloschen) an der Wand entlangtappt, bemerkt er plötzlich einen kleinen, nicht richtig zugemauerten Riss oder Spalt in der Mauer, bei dem er seinen schönen Bart einigermaßen sehen konnte. Da erinnert er sich plötzlich mit einem tiefen Seufzer an seine ursprüngliche Weisheit, die sie alle abgelegt hatten, kehrt in den Versammlungssaal zurück und sagt: »Nun denn, ihr lieben Nachbarn, erlaubt mir, ein Wort zu reden.« Als ihm dies vergönnt wurde, fuhr er fort: »Ja, sind wir denn nicht dippeldoppeltverbohrte Narren? Das frage ich euch alle. Es scheint mir angebracht, hier ein wenig aus unserer alten, verworfenen Weisheit einzuflicken: Was für eine bedeutsame Sache es ist, wenn jemand eine andere Gewohnheit annimmt, als er zuvor hatte – dass nämlich die guten Gewohnheiten, die wir zuerst von der Natur empfangen haben, unterdrückt und abgetan werden und stattdessen die angenommenen neuen – zumal wenn sie böse sind – an ihre Stelle treten und also die *consuetudo altera natura** wird. Wir haben eine närrische Art und Weise angenommen, während wir doch von Natur aus stets weise und verständige Leute gewesen sind. Und nun seht, wie uns diese angenommene Weise in die Art schlägt und die ursprüngliche vertreibt. Und so, wie wir früher von Art und Geburt her Weise waren, so werden wir nun von Art und Geburt her Toren und Narren und lassen diese Unart nie mehr fallen. Wir haben eine so angstvolle und üble Zeit mit unserem Rathaus, häufen Kosten auf Kosten und machen uns, nur um den Fehler zu finden und auszubessern, lächerlich. Aber keiner von uns ist je so schlau gewesen, dass er dies bemerkt hätte: Wir haben an das Haus keine Fenster gemacht, durch die Licht hereinfallen könnte! Das ist doch gar zu grob – zumal am Anfang unserer Torheit, wo wir nicht einfach so hereinplumpsen und herumplatschen sollten, dass es auch ein echter, geborener Narr merken könnte.«

Diese Rede erschreckte die anderen Lalen gerade so, als hätte sie jemand an den Hals geschlagen, und sie verstummten wie blinde Götzen, die ihr Leben lang keinen Degen wetzen. Sie sahen einander aber auch an und schämten sich voreinander wegen so großen Unverstands und so grober Narrheit. Ohne auf eine Abstimmung zu warten, fingen sie darum an, die Mauern des Rathauses überall zu durchbrechen. Und unter allen Lalen gab es keinen, der nicht ein eigenes Loch hätte haben wollen (wie heutzutage alle Welt Wappenschilde in den Stammbüchern und Glasfenstern haben will), von dem er sagen könnte: Dies ist mein Loch und ist mir ein fein Loch und ein gut Loch, und wer's nit glaubt, der küss mir's Loch, so findet er doch, was ihn freuet noch. Was für ein schweres Joch, viel härter als ein Ploch*. Verzeihe mir die Haushälterin und der Koch, so es gar zu scharf gesalzen und deshalb weniger geschmalzen ist. So wurde denn das Rathaus vollendet – bis auf die Einrichtung im Inneren, über die man sehr bald noch mehr hören wird.

13. KAPITEL

Wie sich die Lalen in ihrer Ratsstube um die Einrichtung kümmerten und dabei den Stubenofen vergaßen.

Nachdem sich die Lalen der großen Last der Fenster halbwegs entledigt hatten und nun jeder sein eigenes, durchsichtiges, gutes Loch hatte, fingen sie an, sich um das Innere des Hauses zu kümmern und die Gemächer voneinander zu trennen. Dabei ging es vor allem um drei Stuben – die Witzstube, die Schwitzstube und die Bedenkstube, die zuerst hergerichtet werden mussten, damit die Lalen, wenn sie über wichtige Dinge beraten sollten, weder behindert noch aufgehalten würden. So wurde denn (wie sie vermeinten) das ganze dreieckige Rathaus so praktisch wie möglich eingerichtet und nachher zu aller Narren Ehre eingeweiht.

Als sie dann aber etwas später, nachdem es kalt geworden war, einen Ratstag haben und Gericht halten wollten (wozu ihnen der Kuhhirt mit seinem Horn die Losung gegeben hatte) und jeder (um die Gemeindekasse nicht zu belasten) ein Holzscheit mitgebracht hatte, um die Stube zu wärmen: stellt euch vor, da hatten sie den Ofen vergessen und auch keinen Platz gelassen, um einen aufzustellen. Hierüber erschraken sie abermals ungeheuer heftig und sprachen untereinander: »Da sollen wir elenden Eselsköpfe also keinen Erfolg und kein Glück mit unserem neuen Bau haben. Wo setzen wir jetzt bloß den Ofen hin? Da stehen wir hier, als wären uns die Hände vollgeschissen. Wo sollen wir denn nun bloß mit dem Ofen hin?«

So kamen ihnen bei dieser Sache allerlei Bedenken, und es wurden verschiedene Meinungen geäußert. Einige meinten, man solle den Ofen hinter die Tür setzen, wo er am allerwenigsten stören würde. Das aber wollte den anderen nicht gefallen, die meinten, der Schultheiß müsse seinen Sitz hinter dem Ofen haben. Es wäre aber lächerlich, wenn er deshalb hinter der Tür sitzen müsste. Zuletzt, nachdem sie die Sache lange hin und her gewendet und alle Stellen besehen und bedacht hatten, riet schließlich einer, man solle den Ofen doch vor das Fenster setzen und ihn zur Stube hineingucken lassen – da könnte er denn zu Zeiten, wo Not am Mann wäre, bei der Auszählung der Stimmen mitgezählt werden. Denn wenn er auch nichts zu den Dingen beisteuere, sei er doch auch nicht dagegen. Und auch wenn es nicht anders sein könnte, als dass der Schultheiß dem Ofen am nächsten sitzen müsse, damit ihm seine Weisheit nicht einfriere, solle man ihm, dem Ofen, den nächstgelegenen Platz überlassen. Diesem Rat wurde von allen Bänken einhellig Beifall gespendet.

Doch ein alter Aber-Mann unter ihnen, der aus lauter Witz schon länger als die anderen ein Narr gewesen war – so voller Witze, wie ein Esel voller Fürze –, sagte: »Aber über die unbequemen Stufen will ich schweigen, die man zum Ofen hinaufsteigen muss. Aber dies ginge ja noch an – die Hitze aber, die sonst in die Stube gehört, wird nun ganz und gar zum Ofen hinausgehen. Sonst sollte sie in die Stube gehen und nützen, was besser wäre, als wenn sie verloren würde.«

»Du gehst in den Aberwitz, wie man sagt«, (meinte hierauf ein anderer zu dem Aber-Narren), »geht denn aber, wie man sagt, die Hitze, welche, wie man sagen könnte, in der Küche zum Ofenloch herausschlägt, auch, möchte man sagen, in die Stube? Du meinst wohl: Ja, so könnte man sagen. Ich aber meine: Nein, wie man spricht, nicht in die Stube, sondern daran vorbei, wie man sagen könnte. Damit aber, wie man sagt, nichts zu Unnutz abgehe, wie man sagt, und du deshalb ohne Sorge seiest, wie man sagt, so habe ich daheim ein altes Hasengarn, wie man sagen könnte, das will ich der ganzen Gemeinde zum Geschenk machen, wie man sagt, um meiner dabei zu gedenken, wie man sagt. Das wollen wir vor das Ofentürchen hängen, wie man sagt, um die Hitze im Ofen zu halten, wie man sagt. Haben wir uns also diesorts, wie man sagt, nichts Arges zu besorgen, sondern, nicht wahr, mein lieber Lale, wie man sagt, wir wollen dabei tapfer sieden und braten, wie man sagt, und die Äpfel in der Kachel umkehren, wie man sagen könnte.«

Für solch klugen Rat wurde der Lale hochgepriesen, und für seine Freigebigkeit sagte man ihm großen Dank und wünschte ihm alles Gute. Auch vergönnte man ihm und all seinen Nachkommen den Platz hinter dem Ofen bei der Apfelkachel. So wurde denn zuletzt alles beschlossen, der Ofen aufgestellt und das Rathaus auf diese Weise vollendet und aufs Neue mit Narren besetzt. Ach, wie sehr habe ich befürchtet, man werde mich auch dazunehmen und mir ein Narrenamt geben! Denn jeder sagte, ich sei noch nicht verdorben zu solchem Ehrendienst.

14. KAPITEL

Wie die Lalen einen Acker mit Salz besäten, damit es wachsen sollte, und was sich dabei zugetragen hat.

Als nun das Rathaus, wie eben gehört, vollendet und mit Narren besetzt war, begannen die Lalen, sich täglich zu versammeln und um die Dinge zu kümmern und zu zermartern, die zum gemeinen Nutzen und Regieren gehören – und dies mit allganzimmermöglichsteifrigem Ernst zu betreiben, wie es ihre Pflicht und Schuldigkeit war. Da hat nun ihr Witz sie eine Zeitlang dazu gebracht, dass sie an den Proviant dachten und darüber berieten, wie ein Vorrat anzulegen sei, auf den man beim Einbruch einer Teuerung zurückgreifen könnte, um nicht – wie sie umsichtigerweise bedacht hatten – der Gnade von Wucherern und Kornwürmern* ausgeliefert zu sein. Denn es gehört ja zu den Aufgaben einer weitblickenden Obrigkeit, einen solchen Vorrat bereitzuhalten, um den Untertanen, wenn ein Mangel bemerkbar würde, zu helfen und das unziemliche, unredliche Gewerbe der Wucherer zu unterbinden, die den ohnehin bedrängten und genötigten Armen – nicht anders als die Zecken – das Blut aus dem Leib und sogar das Mark aus den Knochen saugen.

Vor allem aber wurde über das Salz gesprochen (dessen freier Verkauf ihnen wegen drohender Kriegsgefahr untersagt war, so dass sie daran großen Mangel litten), nämlich darüber, wie sie an eigenes Salz gelangen könnten. Schließlich sei das Salz in der Küche ebenso unentbehrlich wie der Mist auf dem Acker. Diese Angelegenheit wurde nun des Langen und Breiten nach dem Gutdünken eines jeden erwogen und dies in viele Richtungen. Denn es wurden ganz unterschiedliche Mittel genannt, derer man sich bedienen könne. Zuletzt gelangten sie zu einem einhelligen Beschluss: Es sei ja allgemein bekannt, dass auch der Zucker – dem Salz nicht unähnlich – wachse. Hieraus müsse dann ja wohl folgen, dass das Salz ebenfalls auf dem Feld wachse und dort geerntet werden könne, weil auch das Salz aus Körnlein bestehe, so dass man von Salzkörnern spreche usw. Allgemein bekannt sei ja auch, dass andere Dinge wachsen – Kälber etwa, wenn man Käse pflanzt, und Hühner, wenn man Eier in den Boden steckt. So sei es denn für diesmal das Beste, ein großes Stück Feld, das der Gemeinde gehört, zu pflügen und zurechtzumachen und alsdann das Salz (welches sie so dringend benötigten, dass sie viel eher auf die Narren als auf das Salz verzichten könnten) in Gottes Namen da hinein zu säen. Dann hätten auch sie eigenes Salz und bräuchten nicht mehr anderen nachzulaufen und sich vor ihnen zu erniedrigen.

Das wurde nun, wie angekündigt, in die Hand genommen, das gemeine Werk bestellt, der Acker gepflügt und in Gottes Namen mit Salz besät – in der Hoffnung, es werde sich für die Lalen reichlich lohnen und Gott werde ihrer Arbeit sattsam seinen Segen spenden, zumal sie das Salz in seinem Namen gesät hatten. Sie trösteten sich auch damit, dass sie zwar einen gewissen Gewinn davon hätten, dass jedoch dieser Gewinn als Erdwucher nicht schändlich, sondern von Gott gegeben und gesegnet sei und von jedermann gebilligt werde. In diesem Vertrauen haben sie sich auch desto fleißiger um diesen Acker bemüht – haben an alle vier Ecken (denn dreieckig wie das Rathaus war er nicht) einen Hüter oder Flurschütz gesetzt, jeder mit einem langen Vogelrohr versehen, um die Vögel, wenn sie das gesäte Salz wie andere Samen vielleicht auflecken wollten, damit abzuschießen.

Es dauerte nicht lange, da begann der Acker, auf das Allerschönste zu ergrünen, was den Lalen eine unsägliche Freude machte. Denn sie meinten, diesmal sei ihnen wirklich etwas gelungen. Jeden Tag gingen sie hinaus, um sich anzusehen, wie das Salz wuchs, und redeten einander gegenseitig ein, sie würden es wachsen hören – so wie andere das Gras. Und je mehr es wuchs, desto mehr wuchs auch die Hoffnung in ihnen – und es war bald keiner mehr unter ihnen, der nicht in Gedanken schon einen ganzen Sester* Salz gefressen hatte.

Um ihr Salzfeld, an dessen Stelle sie gern ein größeres genommen hätten, besser zu sichern und zu verwahren, setzten sie in Anbetracht dessen, dass nicht allein die Vögel, sondern auch andere Tiere dem Samen Schaden zufügen könnten, zu den bisherigen Hütern noch einen anderen Flurschütz. Der sollte dafür sorgen, dass nicht etwa anderes Vieh auf dieses Feld lief, also Pferde, Kühe, Schafe und vor allem die lästigen Geißen, die dem Salz ohnehin gefährlich werden und es für ihren Käse brauchen. Damit nun das heranwachsende Salz nicht zertreten oder abgeweidet würde, befahlen sie ihrem Flurschütz, wenn eine Kuh, ein Pferd, eine Geiß oder ein Schaf auf den Acker käme, so sollte er die Eindringlinge, wenn möglich, wegstoßen, vertreiben, verjagen, schlagen, puffen, zwicken, verscheuchen, wie er nur könnte – was er denn ganz getreulich zu leisten versprach und auch getan hat, wie man sogleich vernehmen wird.

15. KAPITEL

Wie etliches Vieh auf den Salzacker kam und wie der Flurschütz es wieder vertrieb.

Bei Sankt Velten*, ich weiß nicht, wie der Flurschütz, dieser leichtfertige Tropf, übersehen konnte, wie viel fremdes, unvernünftiges Vieh auf den so sorgfältig vorbereiteten und besäten Salzacker gekommen ist und ihn zuschanden gemacht und so hässlich zertreten hat, dass es schade war um beides – das herrliche Salz, das dort versät worden war, und dasjenige, das noch hätte wachsen sollen. Der Flurschütz, dieser lose Tropf, wusste sehr wohl, was ihm wegen des Ackers auferlegt und befohlen war und wie ernsthaft er versprochen hatte, diesem allen nachzukommen. Er sah auch den Schaden und fürchtete trotzdem, dass das Vieh schon zu viel Schaden angerichtet hatte. Wenn er es erst jetzt vertreiben würde, so würde er das heranwachsende Salz nur noch mehr beschädigen und verwüsten.

Deshalb ging er in großem Unmut, zum Teil wegen der Gefahr, die ihm drohte, zum Teil wegen des verderblichen, unübersehbar wachsenden Schadens, heimwärts nach Laleburg und zeigte ihn dem Schultheiß und der ganzen Gemeinde an. Aber auch diese Leute wussten nicht, was sie hier raten oder wie sie helfen sollten. Sie behalfen sich damit, dass sie eine Umfrage abhielten: Was man tun solle, damit nur dem Salz kein weiterer Schaden entstehe, und der Flurschütz, der in dieser heiklen Sache nichts entscheiden wollte, um nicht noch weitere Fehler zu machen, dennoch das frei herumlaufende Vieh daraus vertriebe? Denn die Männer mit den Vogelrohren konnten nichts abwehren, weil es nicht um die Vögel ging, sondern um anderes Vieh, für das sie keine Befehle erhalten hatten.

Als man nun in dieser schwierigen Angelegenheit nicht nur hin und her überlegt hatte, sondern auch in die Quere, hinter sich und vor sich, über sich und unter sich, in die Breite, in die Länge und die Kürze, auch krumm und gerade, eben und uneben – in alle Richtungen, so dass ihnen die Köpfe darüber fast zerbrochen wären, wurde zuletzt von ihnen be-

funden und einhellig beschlossen und ausgesprochen: Es sollten ihrer vier von dem ehrenwerten Gericht, vor denen die Tiere sich vielleicht mehr als vor gewöhnlichen Leuten scheuen würden, den Flurschütz auf eine Sänfte setzen, ihm lange Ruten oder Gerten in die Hand geben und ihn auf dem Salzacker herumtragen, bis er das leidige, lose Vieh ganz und gar vertrieben hätte. Der Flurschütz aber sollte nicht auf dem Acker herumlaufen, damit durch ihn kein weiterer Schaden entstehe, den er ja abzuwenden geschworen hatte. Mit diesem gnädigen Urteil war der Flurschütz sehr zufrieden, ließ sich auf der Sänfte nicht anders als der Papst zu Rom, dem er sich diesmal für fast ebenbürtig hielt, so lange herumtragen, bis er das lose, leidige Vieh von dem Salzacker vertrieben hatte. Wäre ich der Flurschütz gewesen, ich hätte nichts dagegen gehabt, wenn mir dies das ganze Jahr hindurch wenigstens zweimal am Tag geschehen wäre.

So hatte das heranwachsende Salz von den vieren, die den Flurschütz getragen hatten, keinen Schaden, denn sie gehörten zum Gericht und wussten mit ihren großen Drachenfüßen das Feld so subtil zu betreten, dass durch sie kein Schaden entstand, zumal ihnen der gemeine Nutzen viel wichtiger war.

16. KAPITEL

Wie das Lalesalz gewachsen und gereift ist und die Lalen es nicht abschneiden konnten.

Was die Lalen da für Salzkraut hielten, das blühte und reifte nicht anders als Unkraut, von dem man sagt: es vergeht nicht – eher käme noch ein Regen drauf. Nun begab es sich, dass einer aus der Gemeinde – von der Notdurft getrieben, die den Bauern den Hosenbund öffnet, im Gedanken an die eben erwähnte Weisheit, die sich nicht so leicht eindämmen und verstecken lässt, sondern wie ein alter Weidenbaum, wenn er beschnitten wird, immer wieder ausschlägt – dachte, es wäre doch schade, wenn ein solcher Schatz, wie er ihn bei sich trage, verloren ginge und niemandem zu Nutzen wäre. Darum wolle er ihn lieber auf den Salzacker tragen. So werde er der ganzen Gemeinde nützlich, und niemandem sei es verwehrt, sich seiner zu bedienen. So hat er es denn auch gemacht – entweder in der guten Absicht, mit diesem Kleinod den gemeinen Nutzen, wie es jeder tun soll, zu fördern und, damit nichts verloren ginge, auch das geringste bisschen aufzuheben – oder aber um einigen Dank dafür zu empfangen, wie jener Lale mit dem Hasengarn, das er der ganzen Gemeinde verehrte und dafür, so alt und zerfetzt es auch war, sogar großen Dank erlangte, indem sie sich als weise und verständige Männer von ihrer Weisheit ein ziemliches Stück bewahrt hätten und dabei viel mehr an den guten Willen, das Herz und das Gemüt des Gebers gedacht hätten als an die Gabe selbst.

Darum eilte denn dieser fromme Lale behänd, eilends und geschwind, ohne Verzug, wie im Flug auf den Acker, wobei ihm tausendmal angst und bange wurde, ehe er dort war. Denn immerzu plagte ihn die Sorge, er müsse die Abgabe für den gemeinen Nutzen fallen lassen, bevor er sie dort abliefern könnte, wohin er sie stiften wollte. Er riss sich jedoch zusammen, so dass er nichts verplemperte, bis er auf den Acker kam, wo er sich denn niederhockte und einen Markstein setzte, wie die Bauern zu tun pflegen, vor allem, wenn um diese Zeit die Kirschen gut geraten sind.

Als er nun sein Sächlein gut gemacht hatte und glaubte, sein Bestes getan und nichts da hinten zurückgelassen zu haben, erwischt er zufällig eine Handvoll Salzkraut (wobei er wohl bedenkt, dass der Nutzen, den er davon habe, den Schaden weit übertrifft), um dem Kunzen Unflat beim hintern Stern das Maul zu wischen und die Nase, in der er eine lange Schramme hatte, auszuputzen. Aber dieses Kraut war so bissig in des Bauern Gesäß, es war auch so hitzig, und dies fand er gar nicht witzig, dass es ihm, weil er das Maul zu weit aufsperrte, auf der Zunge brannte und er, als wäre er ganz närrisch, hin und her lief und aus vollem Halse schrie:

»Was für ein Schwindel! Was für ein Schwindel ist denn das!«

Doch dann besann er sich eines Besseren und dachte, das Salzkraut sei vielleicht so beißend, dass es ihm – nicht anders als das Senfkraut – in die Augen gebissen habe. Dafür wollte er sich nun von der Gemeinde das Botengeld auszahlen lassen. So läuft er denn sehr eilig, damit ihm niemand das Botengeld wegnehme, nach dem Flecken Laleburg (denn nachdem die Lalen angefangen hatten, Narren zu sein, wollten sie ihr Dorf nicht mehr »Dorf« nennen lassen und warfen den, der es ein Dorf genannt hatte, in den Brunnen, wenn er nicht bereit war, eine Runde auszugeben) und stürmt an die große Glocke, damit alle Lalen zusammenkämen und die gute Nachricht vernähmen. Sobald sie sich versammelt hatten, zeigte er ihnen, vor Freude zitternd und mit der Ermahnung, fröhlich und guten Mutes zu sein, wie das Salz schon so scharf wäre, dass es ihm auf der Zunge ein Loch gebissen habe, woraus man schließen könne, dass es ein sehr gutes Salz werden würde.

So überredete er die Lalen, dass sie alle miteinander und er mit ihnen hinaus auf den Acker gingen und – nachdem er ihnen gezeigt habe, wie er es an seiner rauhen Tafel* gemacht habe – das, was sie ihn hätten tun sehen, ihm in aller Ehrbarkeit nachtäten: der Schultheiß vor allen anderen, dann seine Geschworenen und nach denen alle anderen, je nachdem, ob jemand sich dessen mehr oder weniger schämen würde. Und als dann jeder es genauso machte wie alle anderen, wurden sie sehr fröhlich, so dass es nachher keinen gab, der nicht schon jetzt in Gedanken ein mächtiger Salzherr gewesen wäre.

Als aber die Zeit nahte, in der man das aufgewachsene Salz, damit es nicht abriss, abschneiden und einsammeln sollte, rüsteten sie sich alle und bereiteten alles auf das Beste und Fleißigste zu, was sie bei einem so wichtigen Vorhaben für notwendig und erforderlich hielten. Einige hatten sich mit Sicheln versehen, um das Salz abzuschneiden, Andere hatten Pferde und Wagen mitgebracht, um das Salz als Hanf heimzuführen. Etliche Flegel aber hatten ihre Flegel mitgebracht, um das Kraut auszudreschen.

Als sie aber Hand anlegen und ihr gewachsenes Salz abschneiden wollten, siehe, da war es so beißend, herb und hitzig, dass es ihnen die Hände verbrannte und verletzte. Auch hatten die Lalen nicht daran gedacht, Handschuhe anzuziehen. Denn sie meinten, weil es Sommer und sehr heiß sei, würde man sie verspotten, wenn sie sich ihrer bedienten. Einige waren der Meinung, man solle es abmähen wie das Gras. Dem widersprachen andere, die befürchteten, der Samen könnte abfallen. Andere meinten, es wäre gut, wenn man es mit der Armbrust abschießen könnte. Weil es aber keine Schützen unter ihnen gab und sie befürchteten, die Kunst würde bekannt, wenn man Fremde herbeiholen würde, wurde auch daraus nichts. *In summa summarum* – die Lalen kamen mit ihrem Salz nicht voran und mussten es auf dem Feld stehen lassen, bis sie besseren Rat fanden, was mit ihm zu tun sei. Und wenn sie vorher wenig Salz gehabt hatten, so hatten sie jetzt noch weniger: denn was sie nicht verbraucht hatten, das hatten sie versät und litten deshalb übergroßen Mangel an Salz – vor allem am Salz der Weisheit, das bei ihnen ganz dumm geworden war.

Und hier wäre es ihnen gut bekommen, wenn jemand sie gelehrt hätte, den Winterschnee hinterm Ofen zu dörren und als Salz zu gebrauchen. Im Laufe der Zeit hat es dann doch jemand getan, dem es jedoch, weil er die Kunst missbrauchte, übel bekommen ist – wie uns die »Neuen Zeitungen aus der ganzen Welt«*, die noch nicht erschienen sind, berichten.

Aber was rede ich da viel – keiner der Lalen kannte die Ursache, warum ihr Salz so scharf war. Sie dachten, das Feld sei vielleicht nicht richtig angelegt und zu viel oder zu wenig bearbeitet worden. Deshalb wollten sie die Sache noch einmal besser machen, wollten ihre Hobsewasioneß* darüber austauschen und sie aufzeichnen. Ich wusste, dass es Brennnesseln waren, die die Lalen für Salzkraut hielten, weil sie so scharf brannten – wollte es ihnen aber doch nicht sagen, sondern sie in ihrer Torheit fortfahren lassen, damit sie die Belohnung für dieselbige empfingen – so wie ich und du. Auch dachte ich in meinem närrischen Kopf, es sei den Lalen ebenso zumute wie mir und dir, die wir es nicht leiden mögen, wenn man uns unseren Kolben* zeigt und unsere Mängel und Fehler offenbart – oder wenn ein Esel den anderen Langohr nennt.

17. KAPITEL

Wie der König von Utopien den Laleburgern seine Ankunft bei ihnen kundtat und wie sie eilends einen Schultheißen erwählen.

Die einstige Weisheit der Laleburger war weit und breit in der ganzen Welt bekannt geworden, so dass jeder davon wusste. Es hatte allerdings lange gedauert, bis es so weit war. Das Geschrei von der Torheit, die sie sich anmaßten, aber drang in kurzer Zeit noch viel weiter, so dass es bald niemanden mehr gab, der nicht gewusst hätte, was sich bei ihnen zugetragen hatte. Dabei war dies doch, wenn wir Menschen uns selbst recht erkennen, kein Wunder. Denn seit wir alle Lalen sind und die rechte Weisheit verloren haben – und zwar aus Mutwillen –, pflegen wir stets mehr nach der Narrheit zu fragen und der Torheit nachzuforschen als der Weisheit. So war es auch hier. Denn die Weisheit der Laleburger wurde erst im Laufe vieler Jahre bekannt, wohingegen ihre Torheit durch die Welt erschallte, ehe sie kaum recht begonnen hatte.

Als nun der Kaiser von Utopien (dem manche nur den Titel eines Königs zugestehen mögen) wegen

Reichsangelegenheiten in diese Gegend seines Reiches gekommen war, wurde ihm viel von den Lalen zu Laleburg und ihren seltsamen, abenteuerlichen, närrischen Possen berichtet. Über dieses Treiben wunderte sich der Kaiser sehr und dies umso mehr, als er sich früher in wichtigen Angelegenheiten ihrer Weisheit bedient hatte und ihrem Rat gefolgt war. Deshalb begehrte er – weil er ohnehin abwarten musste, bis die Reichsstände, die er angeschrieben hatte, versammelt waren –, sie selbst zu besuchen und sich zu erkundigen, ob die Dinge tatsächlich so beschaffen wären, wie man sagte, oder ob es ein nichtiges Geschrei sei oder die Sache ausgemalt und aufgebauscht werde, wie es ja doch meistens geschieht. Denn ein guter Gesell, der etwas herausfinden will, findet immer etwas. Und als dieser dann seiner Frau erzählt – aber unter der Bedingung, dass sie es niemandem weitersage –, sein Nachbar habe ein Ei gelegt, da sagt sie es, bevor eine halbe Stunde vergangen ist, ihrer Freundin weiter, macht aber zwei Eier daraus. Die Freundin muss ebenfalls Stillschweigen versprechen, erzählt es aber einer anderen weiter und legt noch ein Ei dazu. Und so geht es weiter, bis jener Mann, ehe es Nacht geworden ist, mehr als ein Dutzend Eier gelegt hat, wo es doch anfangs nur eines gewesen war.

Wegen solcher Ursachen sandte der Kaiser alsbald seine Gesandten zu ihnen ab, um sie von seiner Ankunft zu verständigen, damit sie sich darauf vorbereiten und einstellen könnten. Er ließ ihnen hierbei auch anzeigen und mitteilen (ohne Zweifel, um sie auf die Probe zu stellen und zu erfahren, ob sie noch recht närrisch seien), dass er sie bei all ihren althergebrachten Privilegien, Freiheiten und Gnaden nicht nur beschirmen und beschützen wolle, sondern sie auch, wo es notwendig sei, noch weiter befreien und begnaden wolle, wenn sie ihm auf seine Rede, die er ihnen zuerst halten werde, nachher so antworten könnten, dass sein Gruß und ihre Antwort sich aufeinander reimen. Darauf sollten sie achten und ihm bei seiner Ankunft halb geritten und halb gegangen entgegenkommen, wenn sie ihn empfangen wollten.

Den armen Lalen schob sich bei dieser Botschaft der Angster* in den Busen (den sie viel lieber beim Wirt ausgeschlürft hätten), so dass sie nicht anders erschraken als eine miauende Katze vor dem Kürschner oder eine arme, meckernde Ziege, die sich unversehens vor einem Schneider befindet. Denn obwohl sie Bauersleute waren, die man zumeist für einfache, schlichte, einfältige Leute hält, befürchteten sie, dass der Kaiser (der mit seinen Augen, obwohl sie nicht größer sind als anderer Leute Augen, doch viel weiter sieht als andere, wie denn die hohen Herren auch lange Hände haben und jemanden über viele Meilen hinweg beim Haar erwischen und greifen können) ihre zwischen ihnen bestehende Narrheit nicht bemerken würde, wodurch sie dann nicht nur in höchste Ungnade und Strafe fallen, sondern vielleicht auch gezwungen würden, wieder gewitzt und verständig zu werden und dort wieder anzufangen, wo sie zuvor aufgehört hatten.

Ihre Befürchtungen und Sorgen waren durchaus begründet. Denn es ist ja keine Kleinigkeit, sich selbst zum Narren zu machen – zumal hierdurch dem allgemeinen Nutzen, dem wir auch unser Leben verdanken, so weit, wie es sich erstrecken mag, etwas Wesentliches geraubt und entzogen wird. Besser wäre es abzuwarten, dass einer entweder von selbst ein Narr wird oder durch andere zum Narren gezimmert, abgemessen, gesägt, gehobelt, gebohrt, genetzet* und geschoren wird. In diesem Fall kann sich einer ohne Furcht und Scheu, auch ohne alles Verweisen und ohne Vorwürfe einen Narren schelten lassen – von jedem, und wäre er schon ein großer oder größerer Narr, als du bist.

In solchem Schrecken suchten die armen Laleburger bei ihrer ehrwürdigen, alten, abgelegten Weisheit Rat und Hilfe und fanden denn auch bald heraus, was zu tun wäre. Darum ordneten sie fleißig alles, was nötig war, im Pferdestall und in der Küche für Ihro Ehrwürden und den Kaiser, damit nichts vergessen würde, wenn sie den Kaiser auf das Stattlichste in ihrem Dorf empfingen.

Nun kommt aber eine Schweineherde ohne Hirten genauso wenig zurecht wie ein ganzer Leib ohne Kopf, und zu allem Unglück hatten sie damals auch keinen Schultheiß. Dem ersten, den sie am Anfang ihrer Torheit gewählt hatten, M.O.R.O.S.* genannt (pass nur auf, dass du nicht selbst einer wirst), hatten nämlich sein Können und seine Weisheit so zugesetzt, dass er ganz zum Narren geworden und deshalb zu dessen Amt untauglich geworden war. Mit ihrem großen Verstand erkannten die Lalen jedoch, dass sie unbedingt wieder einen Schultheiß haben müssten, auf den sie alle nicht anders herabblicken würden als die nichtsnutzigen Fliegen auf einen geschälten Apfelschnitz. So gingen sie mit sich zurate und überlegten, auf welche Weise ein solcher Schultheiß zu wählen wäre, ohne dass dabei Unwille geweckt würde, wie es gewöhnlich zu geschehen pflegt, wenn man Ämter und vor allem Adel verteilt und wo deshalb jeder gern der erste und vorderste wäre. Um solchem Ungemach, aus dem zumeist nichts Gutes folgt, zu begegnen und vorzubeugen, wurde beschlossen und erkannt: Da man dem Kaiser auf sein erstes Wort mit einem Reim antworten müsse, werde es das Beste sein, dass derjenige Schultheiß werde, der am folgenden Tag den besten Reim schmieden würde – dies sollten sie nun überdenken und die Nacht darüber schlafen. Also gingen die Lalen auseinander, und es war keiner unter ihnen, der nicht gedacht hätte, er würde Schultheiß werden. So zerdisputierten und zerstudierten sie die liebe lange Nacht, so dass sie morgens kaum wussten, wo ihnen der Kopf stand.

Nun wurde aber auch der Schweinehirt, der ein guter Gesell war, zu den ehrenwerten Bürgern gezählt. Dabei war er eigentlich schon Schultheiß und mit seinem Hirtenstab zu den Schweinen abgeordnet (nämlich in der Absicht, zwischen ihnen für Ordnung zu sorgen, und wenn das nicht gelänge, wollte er auch nicht der Amtmann dieser Herren sein). Und doch wäre er gern höhergestiegen und hätte seine Propstei gern gegen eine Abtei getauscht. Darum zerbrach er sich den Kopf über sein Fortkommen und ging mit so schweren Gedanken um, dass er sich die ganze Nacht unruhig hin und her wälzte und dabei seine Frau nicht nur einmal an einer Stelle entblößte, wo ich nicht gern hineinblasen wollte. Seine Frau hatte sich beim Abwerfen der alten Weisheit etwas bewahrt, das leicht hätte verloren gehen können – wie denn das weibliche Geschlecht eben auch gern in der Küche spart, damit in Notzeiten etwas für die Weinschenke bleibt. So war ihr denn nicht entgangen, dass etwas Hartes, Schweres auf ihm lastete. Deshalb fragte sie ihn, warum er so unruhig sei. Das solle er ihr nur sagen, so könnte sie ihm vielleicht helfen oder einen Rat geben. Er aber wollte ihr nichts sagen, weil er es für unziemlich hielt, aus der Ratsversammlung zu schwatzen. Sie jedoch war so hartnäckig (wie die Frauen überhaupt so neugierig sind, dass sie gern alles wissen wollen, was allenthalben geredet und verhandelt wird), dass er, wenn er etwas Gutes von ihr haben wollte, es ihr nicht länger vorenthalten dürfte, sondern alles offenbarte: wie die Sachen beschaffen wären und wie er es anzustellen gedachte, dass er Schultheiß würde – jedoch nur unter dem Vorbehalt, dass sie niemandem sagen dürfe, dass er aus dem Rat geschwätzt habe.

Als die Lalin das hörte, wäre sie ebenso gern Frau Schultheißin gewesen wie ihr Mann Schultheiß und fand auch bald etwas, das sie ihm vorschlagen wollte. »Ach, mein lieber Mann«, sprach sie, »bekümmere dich mit diesem Handel nicht so sehr und lass dir deshalb keine grauen Haare im Arsch wachsen. Was gibst du mir, wenn ich dich einen Reim lehre, mit dem du Schultheiß wirst?« – »Wenn du das tust«, sprach der Lale Sauhirt, »und ich Schultheiß werde, so will ich dir einen schönen, neuen Pelz kaufen.« Die Frau, die sich in Gedanken schon als Schultheißin sah, war damit sehr zufrieden und fing deshalb an, ihm diese Reime vorzusprechen.

Ihr lieben Herren / ich trete ein /
Meine Hausfrau heißt Kathrein.
Sie hat ein Maul, wüst wie ein Schwein /
Und trinkt gern guten, kühlen Wein.

Diesen Reim sprach sie ihm neunundneunzigmal vor und er ihr ebenso oft nach, bis er schließlich glaubte, er habe ihn gefressen und verschluckt. Trotzdem kaute er die ganze Nacht auf ihm herum, wie der Sohn der Bäuerin auf seinem Stolprion*, bis es Tag wurde, den er kaum erwarten konnte. So sehr füllte der Schultheiß ihm den Kopf. Genauso erging es den anderen Lalen. Sie alle bekamen größere Köpfe, und es gab keinen unter ihnen, der nicht die ganze Nacht über Schultheiß gewesen wäre.

Als nun der angesetzte Tag erschienen war, an dem die ehrenwerten Bürger zusammenkommen und zur Wahl eines Schultheißen schreiten und greifen sollten, da konnte man wunders was für zierliche, wohlgeformte Reime hören, die sie hervorbrachten. Und man konnte sich fragen, woher ihnen diese Kunst zugeflogen war und ob sie die nicht bei ihrer alten, abgelegten Weisheit wieder gesucht und hervorgekramt hätten. Es ist allerdings sehr schade, dass die vorgetragenen Reime nicht alle festgehalten und aufgeschrieben worden sind. So müssen wir uns denn mit den folgenden, die sich erhalten haben, trösten und behelfen.

Der Vierte (die anderen Reime vor ihm sind verloren) trat ein und reimte nach einer tiefen Verbeugung so:

»Ich bin ein rechtschaffener Bauer
Und lehne meinen Spieß an die Wand.«

»Oho«, sprach der Fünfte, »kannst du es nicht besser, so bleibst du wohl draußen. Lass mich Schultheiß werden. Vide.*

Ich heiße Meister Hildebrand
Und lehn meinen Spieß wohl an die Mauer.«

»Ei ja«, sprach der Siebente, denn der Sechste fehlt im Rotwelschen Exemplar*, »du müsstest eben Schultheiß sein. Wie wäre es, wenn ich es besser machte und dich ausstäche? Audi*:

Ich werd genannt der Hänslein Stoltz
Und führ einen Wagen mit Scheiter.«

»Wie wäre dieser«, sagt der Achte, »so gern Schultheiß, wenn er's denn werden könnte. Aber wenn's möglich ist, dass ich es werden kann, so soll es jenem nicht gelingen. Audi conveni*:

Man sagt, ich hab einen verdrehten Kopf
Und sei ein arger, loser Schelm.«

»So bald werde ich nicht Schultheiß«, sprach der Zehnte, »aber hört euch an, was ich kann:

Mit Namen heiß ich Hänslin Beck,
Dort steht mein Haus an jenem Ort.«

»Du müsstest's gerade werden«, sagte der Elfte. »Ja, verkehrt herum tragen wir Bauern die Spieße. Wie aber, wenn ich's würde?

Was soll ich viel reimen oder sagen
Ehe ich hab einen vollen Hals.«

»Noch hat mir's keiner vorgetan«, sprach der Dreizehnte. »Merkt auf, was ich sagen will:

Wer nicht wohl kann reimen und renken,
Den sollt man an den Galgen knüpfen.«

»Beiseite mit all diesen Reimen, beiseite!«, sprach der Vierzehnte. »Ich wollte, dass es einen guten Käse gelten sollte, wenn ich nicht Schultheiß werde. Wer will wetten?

Ihr Herrn, ich möcht gern Schultheiß sein.
  Drumb bin ich zu euch kommen hierher.«

Noch viele andere Reime wurden vorgetragen, die sich jedoch in dem Original, das von Würmern und Buchschaben ganz zerfressen war, nicht entziffern ließen. So viel aber ist gewiss, dass, während diese bisher Gemeldeten und noch andere mehr sich hören und vernehmen ließen, der arme Sauhirt in höchsten Ängsten nicht weit davon entfernt stand, immer fürchtend, dass wohl ein anderer seinen Reim hervorbrächte und dadurch Schultheiß würde. Und sooft einer der anderen nur ein einziges Wörtlein sagte, das auch in seinem Reim vorkam (den er inzwischen wohl tausendmal repetiert und wiederholt hatte), erschrak er so sehr, dass ihm das Herz bis in die Hose hätte fallen mögen. Als aber die Ehre oder die Reihenfolge auch an ihn kam, dass er reimen sollte, trat er hervor und sprach:

»Ihr lieben Herren, ich tret hierher.
  Mein Hausfrau, die heißt Katharin.
Sie hat ein Goschen wie ein Sau
  Und trinkt gern guten, kühlen Most.«

»Das klingt doch gut. Das könnte ankommen«, sagten die Ratsherren. Als dann die Umfrage erfolgte, war das Urteil einhellig. Der Sauhirt wurde zum Schultheißen gewählt und angenommen. Denn alle meinten, er könnte dem Kaiser in Reimen antworten und gute Gesellschaft leisten. Außerdem sei er ein Handwerker, während alle anderen Bauern waren. So nahm dieser Lale Sauhirt eine solche Ehre gern an, denn er war lange Zeit damit schwanger gegangen und erfuhr nun in der Tat selbst, wie weit Glück und Unglück voneinander entfernt waren – nämlich nur so weit wie Tag und Nacht. Denn wer da vergangene Nacht noch ein Sauhirt gewesen war, wurde jetzt ein mächtiger Schultheiß der Lalen zu Laleburg.

18. KAPITEL

Wie der Schultheiß von Laleburg ins Bad ging und was sich dort mit ihm zutrug.

Ehre und Würde des Schultheißenamtes taten dem Sauhirten so gut, dass er sich immerzu damit kitzelte und wohl zehnmal in einer Stunde zu seiner Frau sagte: »Gelt, Frau, jetzt ist es mir einmal geraten!« Nun fiel ihm auch ein, dass er dringend den Sauschweiß, den Staub und den Unflat abwaschen müsste. Und weil er einen neuen Stand erlangt hatte, meinte er, es würde ihm auch gebühren und geziemen, in Gebärden, Reden, Kleidung und anderem seine neue Stellung anzuzeigen. Nun wollte er auch bald – am Samstag – in die Stadt und ins Bad gehen. Als ihm dann unterwegs ein anderer Lale begegnete, der vor einigen Jahren mit ihm zusammen die Schweine gehütet hatte und nicht wusste, dass er jetzt der Schultheiß sei, und ihn deshalb immer noch als alten Sauhirten und guten Gesellen duzte, sagte der Schultheiß zu ihm: »Du sollst uns jetzt nicht mehr duzen, denn wir sind nicht mehr der, der wir früher waren. Wir sind jetzt unser Herr, der Schultheiß Lale zu Laleburg.« – »Potz, tausend Teufel«, sagte der andere Lale. »Das habe ich nicht gewusst, mein Herr Schultheiß, verzeiht mir. Glück zu in Eurem Regiment über Eure ehrenwerten Untertanen.« – »Hab Dank«, sagte mein Herr, der Schultheiß, »sie sind ein ungezogenes Volk, die Lalen von Laleburg. Die anderen Schultheißen, unsere Vorfahren auf diesem ehrenvollen Posten, haben sie machen lassen, was sie wollten, wodurch sich viel Unordnung eingeschlichen hat, die wir jetzt mit so großer Mühe und Arbeit abwenden müssen, dass wir nicht schlafen können und uns der Kopf darüber zerbricht. Aber wir wollen wieder eine Ordnung unter sie bringen (wie jener Bettelvogt unter die Hunde*) oder nicht ihr Amtmann sein.

So zog denn mein Herr Schultheiß Lale weiter und kam in das Bad. Dort gab er sich sehr weise, saß in sehr schweren, tiefen Gedanken da, zählte bisweilen seine Finger ab, sprach mit sich selbst und sonst mit niemandem, so dass sich die, die ihn früher gekannt hatten, über diese plötzliche Veränderung wunderten und meinten, er sei vielleicht melancholisch geworden. Aber sie wussten nicht, dass er nun Schultheiß war und dass diese Ehre ihn sehr peinigte. Zwischendurch fragte er einen, der gleich neben ihm saß, ob dies die Bank sei, auf der die Herren zu sitzen pflegten. Die Antwort lautete: Ja! »Da hab ich's ja genau getroffen«, sagte der Schultheiß. »Ich glaube wirklich, die Bank hat es mir angerochen, dass ich in Laleburg der Schultheiß bin.«

Wie er nun lange so sitzt und tapfer schwitzt, da kommt der Bader (in manchen Exemplaren heißt es: die Baderin) zu ihm und sagt: »Guter Freund, habt Ihr den Kopf gewaschen und Euch reiben und kratzen lassen, so sagt es. Wenn nicht, will ich Lauge herbeischaffen und Euch ausreiben.« Der Schultheiß, der in tiefen Gedanken geschwitzt hatte, antwortete: »Lieber Bader, ich weiß wirklich nicht, ob ich mich gewaschen habe und gerieben bin oder nicht. Denn unsereiner hat so viel zu überlegen, zu bedenken und zu betrachten, damit der gemeine Nutzen keinen Schaden leidet und Gericht und Recht gepflegt und gefördert werden, dass wir solche einfachen Dinge gar nicht mehr wahrnehmen – und vor allem ich, der ich darüber nachdenken soll und muss, wie ich dem Kaiser in Reimen Antwort gebe. Denn versteh mich recht, ich bin der Schultheiß Lale von Laleburg.« Nach dieser Ansprache, die doch sein bitterer Ernst gewesen war, begannen alle, die im Bade waren, wie die anderen Narren zu lachen, ließen ihn aber doch bei seinen Ehren bleiben und noch eins drauf schwitzen.

19. KAPITEL

Wie der Schultheiß Lale seiner Schultheißin einen neuen Pelz kauft und wie es ihm dabei erging.

Unsere gnädige Frau Schultheißin versäumte es nicht, den ihr versprochenen Pelz immer wieder zu fordern. Unbillig war das keineswegs, wenn man bedenkt, dass, wäre sie nicht gewesen, er noch viele Jahre lang die Schweine hätte hüten müssen und sie ebenso lang eine Sauhirtin geblieben wäre. So war es in jeder Hinsicht nur recht und billig, dass er, der von nun an die Gerechtigkeit fördern sollte, sein Versprechen halten und seiner Frau das, was ihr von Rechts wegen zustand, auch zukommen lassen sollte.

Als mein Herr, der Schultheiß, bald nachdem er seinen Dienst angetreten hatte, wieder einmal, nachdem er im Bad gewesen war, wegen wichtiger Geschäfte in die Stadt gehen wollte, vergaß seine Frau, die Schultheißin, deshalb nicht, ihn fleißig an den Pelz zu erinnern, weil er versprochen hatte, ihr denselben zu kaufen, wenn sie ihm half, Schultheiß zu werden, und das hatte sie getan. Woran man sieht, dass es viel besser ist, den Frauen etwas zu kaufen, als ihnen etwas zu versprechen – damit ihr Bitten und Betteln gar nicht erst losgeht. Denn sie haben ein sehr gu gu gutes Gedächtnis, wie jener Lale, der Schreiber werden wollte, obwohl er weder lesen noch schreiben konnte, sondern nur sagte, er habe ein sehr gutes Marmorium oder Gedächtnis. Aber verzeiht mir, ihr lieben Lalen, ich habe den Hu hu husten und fahret fort im Lesen.

Bevor der Schultheiß die Stadt betrat, fragte er am Tor den Torwächter, wo er das Haus eines Kürschners finden könne. Der Torwächter erklärte es ihm. Mein Herr Schultheiß fragte aber weiter: Ob es auch derjenige sei, bei dem die Schultheißen ihren Frauen neue Pelze kaufen, denn er sei Schultheiß von Laleburg geworden – und zwar gestern. Da merkt der Torwächter, dass der Ankömmling entweder zu scharf oder zu schwach gebacken und, indem er durch eine Mühle gelaufen sei, vielleicht mit dem Sack geschlagen worden wäre, und denkt sich, es werde ihm guttun, ihn auf die Jagd nach der Holzschere zu schicken. Darum verwies er ihn an das äußerste Ende der Stadt, zu einem Böttcher, der ein echter Schelm war. Bei ihm sollte er nach Pelzen für Schultheiße fragen.

Der gute Schultheiß ging in aller Ehrbarkeit, wohin man ihn gewiesen hatte, und fragte bei dem Böttcher nach Schultheißpelzen – er sei der Schultheiß Lale von Laleburg. Der Böttcher merkte bald, was da gespielt wurde, und sagte, es tue ihm sehr leid, dass er Euer Würden nicht weiterhelfen könne. Gerade gestern nämlich sei Markttag gewesen, und er habe alle seine Pelze verkauft. Um ihm zu helfen, schickt er ihn in eine andere Vorstadt zu einem Wagner. Dort, so hoffe er, werde er Pelze finden, wie er sie suche.

Mein Herr, der Schultheiß Lale, kam zum Wagner und fragte, ob er keine Pelze habe – er sei der Schultheiß von Laleburg. Der Wagner, auch er ein Spottvogel, verweist ihn an einen Schreiner, der Schreiner an einen Sporenmacher, der Sporenmacher an einen Sattler, der Sattler an einen Organisten, der Organist an einen Studenten, der Student an einen Stubenkauz, der Stubenkauz an einen Buchbinder, der Buchbinder an einen Fischer, der Fischer an eine alte Vettel, die alte Vettel an die Druckergesellen, die ihm einen richtigen Empfang bereiten, die Druckergesellen an einen Buchhändler, vor dessen Laden man oft Lalen antrifft, der Buchhändler an einen Lebkuchenbäcker – dort finde er so viele, wie er nur fressen möchte.

Als mein Herr, der Lale Schultheiß, auch dort nach Pelzen gefragt hatte, antwortete ihm der Lebküchler: Er habe diesmal zwar keine, wenn er aber ein wenig Geduld habe, wolle er ihm einen Lebkuchen anmessen, zuschneiden und backen. Den könne er, wenn er seiner Frau nicht gefiele, dann mit ihr verspeisen – jeden Morgen ein Mümpflein davon. Hierfür bedankte sich der Herr Schultheiß sehr, sagte jedoch, er sei nun schon so lange auf der Suche nach einem Pelz herumgelaufen, dass er keine Zeit mehr habe, zu warten. Er müsse nach Hause und seines Amtes walten, denn er sei Schultheiß zu Laleburg. Der Lebkuchenbäcker, der etwas freundlicher gesinnt war, als die vorher erwähnten Herrschaften, dachte, der Herr Schultheiß sei lange genug nach der Holzschere herumgelaufen, erbarmte sich seiner Einfalt und wies ihm den Weg zu einem Kürschner, wo er Pelze aller Art fand, wie er sie begehrte.

Der Kürschner fragte ihn sogleich, was für einen Pelz er denn suche – wie er sein solle, wie groß und wie lang? Der Herr Schultheiß antwortete: »Wenn er mir passt, so wird er auch meine Frau, die Schultheißin zu Laleburg, wärmen. Denn mein Hut passt auch ihr und der ihre mir. Da wird es mit dem Pelz ebenso sein.« So kaufte er denn einen stattlichen Pelz für's Dorf, dessen sich eine Frau Schultheiß auch in der Stadt nicht zu schämen brauchte.

Als nun mein Herr Schultheiß heimkam, empfing die Frau Schultheiß den Pelz mit Freuden (wer weiß, wie der Herr Schultheiß ohne ihn empfangen worden wäre), probierte ihn gleich an und ließ sich darin besehen – von hinten und von vorn, von der einen und der anderen Seite, von oben und von unten, von hinten und von vorn, innen und außen. Und als sie ihn lange genug probiert, gebilligt und für gut befunden hatte, bat der Herr Schultheiß sie, ihm Küchlein zu backen – er wolle auch eine Wurst dazugeben und ein Maß Wein bezahlen, womit sie einverstanden war. Als sie ihm dann aber grobe, dicke Schnitten backen wollte wie früher, als er noch Sauhirt gewesen war, sagte er ganz unwirsch: »Wofür hältst du mich? Meinst du, ich sei ein Sauhirt? Weißt du denn nicht, dass ich nicht der Schnittenbäcker, sondern der Herr Schultheiß Lale hier in Laleburg bin?« Also musste sie ihm Streusel backen – die verzehrten sie dann gemeinsam. Sie schmeckten ihnen gut und mit einem gelegentlichen Schlaputz* aus dem Weinkrug noch besser.

Die Frau Schultheißin hätte gern öfter etwas getrunken, musste sich aber doch vor ihrem Herrn, dem Schultheiß, etwas schämen. Darum erdachte sie folgende List.

»Du glaubst nicht«, sagte sie, »wie mich dieser Pelz freut.« – »Ist das wahr?«, fragte er. – »Ja«, sagte sie, »wenn es nicht wahr wäre, so möge mir dieser Schluck das Herz abdrücken.« Hierauf trank sie einen guten Schluck.

Bald sagte sie wieder: »Der Knecht von unseren Nachbarn ist bei der Magd gelegen.« – »Ja, ist denn das möglich?«, sagte der Schultheiß. – »Ja«, sagte die Schultheißin, »wenn es nicht wahr ist, so drücke mir dieser Schluck das Herz ab.« Hiermit goss sie sich noch einen Schluck ein. Und wieder sprach sie.

»Unsere Greta und Clausens Tochter haben einander geschlagen.« – »Ey«, sagte der Schultheiß, »was sagst du da?« – »Ja«, sagte sie, »wenn's nicht wahr ist, dann soll mir dieser Schluck zu Gift werden.«

Hiermit trank sie einen solchen Schluck, dass ihr das Wasser aus den Augen lief. Das trieb sie so lange, bis kein Tropfen mehr da war. Wäre ich dabei gewesen – ich hätte sicherlich mitgegessen und du Narr bestimmt auch. Du hättest zu beiden Backen eingeschoben, damit du auf deine Kosten kommst und dein gutes Geld nicht vergebens ausgibst.

20. KAPITEL

Wie die Frau Schultheißin mit ihrem neuen Pelz zur Kirche stolziert, um die Predigt zu hören – und was sich dabei begeben hat.

Die ganze nächste lange Nacht lag meine ehrenwerte Frau, die neue Schultheißin, in schweren, tiefen Gedanken da und grübelte, wie sie den neu gewaschenen Pelz anlegen und zur Schau tragen sollte, damit sie ihres Mannes Würde nicht schändete und nicht verkleinerte, falls es ihr nicht gelänge, sich so vornehm zu bewegen, wie es sich für eine Dorfschultheißin geziemt. Aber so sind ja alle Frauen – sie denken nur daran, wie sie sich rechtschaffen herausputzen, schmücken, zieren, anmalen, auftun, einpressen, schnüren, frisieren, häubeln, um das Hinterteil aufbauschen, beharnischen, umgürten und bestreichen können, damit sie ihren Männern eine Ehre sind (ein Pfui auf diese Ehre) und nur (wie diese Schultheißin) ihnen gefallen und dennoch oft auf ihr hübsches Dingelchen angesprochen werden.

Indem sie sich nun also hin und her wälzt und unabsichtlich mit dem Ellbogen ihren Herrn, den Schultheißen – der selbst auch mit einem echten Narren umging, der ihm wenig Ruhe ließ und die ganze Nacht über zu schaffen machte –, auf einer Seite so heftig anstößt, dass er davon erwacht, sagte er zu ihr: »Bei wem liegst du?« Sie tat, als würde sie schlafen, und antwortete wie ein Hund, wenn man ihn etwas fragt. Eine halbe Stunde später fragte er wieder: »Frau Schultheißin, bei wem liegt Ihr?« Da er sie mit ihrem Ehrentitel ansprach, dachte sie: Da kannst du ein Auge zudrücken – wie jener Bettelvogt sagte, der, wenn er nur ein Auge zutat, schon ganz blind davon wurde. Deshalb sagte sie ganz faul: »Bei dir!« Der gute Schultheiß, der seinen Ehrentitel noch nicht gehört hatte, war nicht damit zufrieden, dass sie ihn so nachlässig empfing, stieß sie deshalb bald wieder an und fragte: »Gnädige Frau Schultheißin, bei wem liegt Ihr, Euer Ehrwürden?« Die Frau Schultheißin wurde über dem Fragen unwillig, denn sie hatte schon genug mit ihrem Pelz zu schaffen gehabt und sagte deshalb voller Zorn: »Was fragst und plagst du einen so lang? Bei einem Narren liege ich.« – »Aber nein, meine Frau«, sprach der Schultheiß, »sag nicht, dass du bei einem Narren liegst. Denn der, bei dem du liegst, ist der Schultheiß Lale zu Laleburg.« Da merkt die Frau, dass seine Ehrwürden ein wenig böse und zornig auf sie ist, dreht sich deshalb um, gähnt, reckt sich und tut so, als hätte sie geträumt und sei eben aus dem Schlaf erwacht. »Was, was ist denn los?« Hiermit ward es Tag, und es kam eine Sau und biss ihm ein Ohr ab.*

Die gute Frau Schultheißin hatte immer befürchtet, die Nacht wäre zu lang und es würde nie mehr Tag werden, so dass man ihren Pelz nicht hätte sehen können. Deshalb freute sie sich umso mehr, als sie den lieben Tag anbrechen sah. Also stand sie sehr früh auf und fing an, sich herauszuputzen und zurechtzumachen. Weil es nun eben Sonntag war und die Nachbarn sich alle in der Kirche versammelt hatten, wollte sie sich dort beschauen lassen, damit sie nicht von Haus zu Haus und von einem Lalen zum anderen gehen und sich besehen lassen müsste. Das hätte gar zu viel Zeit gekostet, denn dann hätte sie auch zu Mir und zu Dir kommen müssen.

In diesen Gedanken hatte sie sich ganz und gar verhaspelt, verirrt und verwirrt, so dass sie auch das Läuten zur Predigt nicht wahrgenommen hatte. Und als sie schließlich nicht ohne große Mühe und Arbeit fertig wurde und meinen Herrn, den Schultheiß, der vor ihr stand und den Spiegel hielt, wohl hundertmal gefragt hatte, ob sie hinten und vorn so wäre, wie eine Frau Schultheißin sein sollte, und er Ja dazu gesagt hatte, ging sie aus dem Haus zur Kirche. Auf der Gasse ist sie dabei gewisslich einherstolziert wie eine Geiß am Strick.

Nun weiß ich nicht, wer schuld ist – ob meine Gnädige Frau, die Schultheißin, zu lange geschlafen oder der Messner zu früh geläutet hatte oder aber, was viel eher anzunehmen ist, ob der Pfaff am Abend vorher zu ladridang* beim Wein gesessen hatte und sich nicht ordentlich auf die Predigt vorbereitet und deshalb alles so kudridurtz* gemacht habe. Als sie mit ihrem neuen Pelz zur Kirche hineingerauscht kam, war die Predigt jedenfalls gerade aus, so dass alle aufstanden. Nun verstand die gute Frau nicht recht, was da vor sich ging. Sie meinte und sagte sich, da ihr Mann der Schultheiß und sie deshalb die Schultheißin sei und obendrein einen nagelneuen Pelz anhabe, so geschehe dies ihr zu Gefallen, und die Nachbarn seien ihr und ihrem Pelz zu Ehren aufgestanden. Deshalb sprach sie, sich nach beiden Seiten wendend, ganz sittsam und tugendlich (denn das hatte sie schon gelernt) zu ihnen: »Liebe Nachbarn, ich bitte euch, bleibt ruhig sitzen: denn ich erinnere mich noch gut an den Tag, als ich ebenso arm war und so zerlumpt und abgerissen in die Kirche kam wie ihr. Darum setzt euch aufs Loch nur wieder nieder.«

Kurz nach ihr trat auch mein Herr der Schultheiß ein, der noch lange an seinem Bart gestrählt und gestriegelt hatte. Und als er sah, dass mehrere Hunde in der Kirche herumliefen und Hochzeit machen wollten, sprach er aus aufrechtem, schultheißlichem Eifer und bitterem Ernst: »Da will ich nun aber auch eine Ordnung unter die Hunde bringen – so wie unter meine Untertanen, was mir bisher nie gelungen ist. Damit man auch von mir sagen muss: Oder ich will nicht ihr Schultheiß und Amtmann sein.«

Dass aber die Predigt so kurz gewesen war, hatte diese Ursache: Der Pfaff hatte nur von vier Stücken gepredigt. »Das Erste«, so sprach er, »weiß ich, aber ihr wisset es nicht. – Das Zweite«, sprach er, »wisset ihr, aber ich weiß es nicht. Das Dritte«, sprach er, »wissen wir beide nicht. Das Vierte«, sprach er, »wissen wir beide nur zu gut. Schlechte Hosen habe ich, das weiß ich leider. Aber der lange Rock deckt mich, und wenn ich's nicht sage, wisst ihr es nicht. Dagegen wisst ihr, ob ihr mir neue Hosen machen wollt, was ich nicht wissen kann. Ich sollte euch sagen«, sprach er, »was für ein Evangelium heute dran ist. Aber ›potz Kerbholz‹, das weiß ich nicht, und ihr wisst es noch viel weniger. Aber wo das Wirtshaus steht, wissen wir alle nur zu gut. Hiermit nehme jeder seinen Becher, und nun lasst uns alle miteinander daselbst hinziehen und am Tisch beratschlagen, wie wir den Kaiser empfangen wollen.«

21. KAPITEL

Wie der Kaiser nach Laleburg reiste und unterwegs einen Lalen fand, der Käse und Brot aß – auch, wie er schließlich empfangen wurde.

Als der Kaiser auf dem Weg nach Laleburg und dem Ort schon nahe war, begegnete er auf dem Feld einem Schäfer, der, sich auf seinen Stab lehnend, ein Stück Brot in der Hand hielt, das ganz schwarz und grob aus rauer Kleie gebacken war. Der Kaiser sah es und sagte zu dem Schäfer: »Du hast da ein raues, schwarzes Brot.« – »Ja«, antwortete der Lale, »wenn es besser wäre, nähme ich es auch.« – »Wie kannst du es essen«, fragte der Kaiser, »und davon leben?« – »Dazu muss ich«, antwortete wiederum der Lale, »diesen Käse (er zeigte ihn in der anderen Hand) drüberlegen.« Da zog der Kaiser weiter und hatte gelernt, wie man Schwarzbrot schmackhaft macht.

Nun habt ihr, liebe Herren, zuvor gehört und verstanden, wie der Kaiser den Laleburgern durch seine Gesandten mitgeteilt hatte, wenn sie ihm auf die ersten Worte, die er an sie richten würde, in Reimen antworten würden und ihm halb geritten und halb gegangen entgegenkämen, so wollte er ihnen ihr altes Herkommen bestätigen und ihnen noch viele weitere Freiheiten dazugeben. Das hatte die ganze Gemeinde bei dem Wein, zu dem sie der Pfaffe, wie weiter oben steht, geführt hatte, wohl erwogen und fleißig darüber nachgedacht, wie man die Sache anpacken sollte.

Inzwischen hatten sie die Frage, über die sie beraten sollten, in zwei Teile aufgespalten, damit sie besser mit ihr zurechtkämen. Denn wer richtig und gut unterscheidet und unterteilt, der lehrt auch besser. Denn zuerst berieten sie nun, wie man dem Kaiser in Reimen antworten sollte, und nachher darüber, wie sie ihm halb geritten und halb gegangen entgegenziehen und ihn empfangen sollten.

Über das Erste wurde abgestimmt und beschlossen, sie würden dem Kaiser zuvorkommen und ihn in die Enge treiben, indem er mit einer Antwort beginnen sollte, wie sie es wollten. Deshalb sollte ihn der Schultheiß als Erster ansprechen und mit diesen Worten empfangen: »Nun seid uns willkommen.« Denn darauf würde der Kaiser *necessario** antworten müssen: »Und du mir auch.« Wenn das geschähe, hätten sie schon gewonnen, denn der Schultheiß müsste darauf erwidern: »Der Gewitzteste unter uns ist ein Gauch.« Das würde sich gut reimen – in Figura, Forma und Materia.*

Zu der Frage, wie man dem Kaiser entgegenziehen sollte, gab es neben anderen vor allem diese Meinungen. Einige meinten, man solle sich in zwei gleich große Haufen teilen – der eine Haufen solle reiten, der andere zu Fuß gehen, je ein Reiter und ein Fußgänger in einem Glied. Andere meinten, es sollte jeder einen Fuß im Steigbügel haben und reiten, mit dem anderen Fuß aber auf dem Boden gehen:

dies wäre ja auch halb geritten und halb gegangen. Wieder andere aber waren der Meinung, man solle dem Kaiser auf hölzernen Pferden entgegenkommen, denn davon pflege man in einem Sprichwort zu sagen: Steckenreiten ist halb gegangen. Außerdem seien solche Pferde geschickter, hurtiger, stattlicher und rasch gezäumt und gestriegelt.

Diese letzte Meinung wurde von allen Seiten mit Beifall aufgenommen, und so erging die Anordnung, jeder möge sich ein solches Ross beschaffen, was dann auch mit großem Eifer betrieben wurde. Denn keiner war so arm, dass er sich nicht, je nachdem wie er gern beritten wäre, ein weißes, graues, braunes, schwarzes, rotes oder gesprenkeltes Pferd hätte beschaffen können. Diese tummelten sie und richteten sie auf das Meisterlichste ab.

Als nun der angesetzte Tag gekommen war und der Kaiser mit seinem Hof heranrückte, sprengten die Lalen mit ihren Steckenpferden heraus und ihm entgegen. Auf dem Weg wurde es ihrem Herrn Schultheiß (der am Abend vorher saure Buttermilch gegessen hatte) in seiner Hose nach hinten hinaus zu eng, weshalb er nach der Seite hinter einen Misthaufen sprengte, von seinem Pferd stieg, es anband und auf Treu und Glauben sein Sächelchen machte.

Unterdessen hatte sich der Kaiser genähert, und die ganze lalische Ritterschaft blickte sich nach ihrem Schultheiß um, der hinter dem Mist gehockt und Scheiter gehauen* hatte. Als er dies sah, nahm sich der Schultheiß (aus Furcht, er könnte die Gelegenheit versäumen und verderben) nicht die Zeit, seine Hose zu schnüren, seinen Gaul loszubinden und sich auf ihn zu schwingen. Seine Hose, die er nur hochgezogen hatte, in der Hand haltend, sprang er auf den Mist, um den Kaiser desto stattlicher und förmlicher zu empfangen.

Als der Kaiser nun näher kam, wusste mein Herr der Schultheiß sehr wohl, dass er den Hut vor ihm abziehen müsste. Weil er aber mit der einen Hand die Hose hielt, die noch nicht geschnürt war, und die andere Hand dem Kaiser darreichen musste, überlegte er kurz, nahm dann seinen Filzhut ins Maul, streckte dem Kaiser die andere Hand hin und sagte: »Nun seid uns willkommen auf unserem Grund und Boden, ehrenwerter Junker Kaiser.«

Der Kaiser sah an den Federn bald, was das für Vögel waren und dass das Gerücht von der Torheit der Lalen nicht nichtig und leer war. Deswegen reichte er dem Schultheiß auch die Hand und sprach: »Dank hab, du mein lieber Schultheiß, und du mir auch.«

Da sollte nun der Schultheiß mit einem Reim antworten, wie es zuvor unter den Lalen beschlossen worden war. Dennoch wollte er das nun unbedachter Weise nicht tun, damit er sich nicht etwa verplapperte. Deshalb drängte sich plötzlich ein anderer nach vorn, der meinte, der Schultheiß sei verstummt, und antwortete mit einem Reim: »Der Schultheiß ist ein rechter Narr.« Denn so war es in ihrer Ratsversammlung abgestimmt und beschlossen worden. Man solle antworten: »Der Gewitzteste unter uns ist ein Gauch.« So dachte nun dieser Lale, Gauch und Narr seien ja das Gleiche, so sei der Gewitzteste unter ihnen eben der Schultheiß selbst, den er deswegen ehrenhalber wohl so nennen dürfte. Genauso seien Tölpel und Esel durch eine Metapher ebenfalls eins. Desgleichen Unsere liebe Frau und Unseres Herrgotts Mutter. So dachte dieser Lale, es laufe auf das Gleiche hinaus, wenn er eines für das andere nehme. Auch wenn es sich in Worten nicht so recht reime, mache das doch nicht allzu viel aus. Die Hauptsache sei doch, dass es sich in der Bedeutung und Auslegung der Wörter reime und zusammenpasse.

So wurde der Kaiser empfangen. Vor ihm ritten sie her bis nach Laleburg, wo sie ihn noch einmal empfingen. Der Schultheiß saß ab von seinem hölzernen Klepper, stieg auf einen Misthaufen und reichte dem Kaiser von dort die Hand. Aber der Kaiser sagte zu ihm: »Aber was tust du hier auf dem Mist?« – »Ach, ehrenwerter Junker Kaiser«, antwortete der Schultheiß, »ich armer Lale bin es nicht wert, dass der Erdboden vor Euch auch mich trage.«

Also führten sie den Kaiser in seine Wohnung im Rathaus, wo sie ihn einlogiert hatten. Sie erzählten ihm auch alle Geschichten, die sich mit dem Rathaus zugetragen hatten, woraus er ein allergnädigstes, kurzweiligstes Wohlgefallen schöpfte. Auch erzählten sie ihm (um ihn, bis das Essen fertig wäre, zu unterhalten) die Geschichte mit dem Salzgewächs und baten ihn dabei untertänigst, sie gnädigerweise zu privilegieren und von Steuern zu befreien, falls ihnen diese Kunst einmal gelingen sollte – damit ihnen dies nicht jemand zu ihrem unwiederbringlichen Schaden nachmachen könnte, den der Junker Kaiser wohl selbst ermessen könne. Der Kaiser zeigte ihnen, da ihr Begehren nicht unziemlich war, hierbei seinen gnädigsten Willen – mit der Erlaubnis und Gestattung all dessen, worum sie sich an ihn gewandt hatten, und Weiterem, sofern es die Notwendigkeit erfordern würde.

22. KAPITEL

Wie die Lalen dem Kaiser einen großen Topf Senf verehrten.

Nun kamen abermals Zweifel und große Ängste über die Lalen, was man dem Kaiser verehren und schenken sollte. Denn sie wollten sich wie andere rechtschaffene Leute zeigen, dachten aber im Stillen: Sollten sie ihm Silber oder Gold schenken? – Das sei für sie sehr teuer, er jedoch habe davon schon eine ungeheure Menge. Oder sollten sie ihm Speisen schenken? Kraut etwa oder Rüben, Speck, Bohnen, Gerste etc.? Das brauche er nicht, denn er sei ja ohnehin ihr Gast, wie er denn überall, wohin er auch komme, Gast sei. Schließlich einigten sie sich darauf, ihm einen großen Topf mit saurem Senf zu präsentieren und zu verehren. Den könne er gebrauchen, um sich das Essen damit wohlschmeckender zu machen.

Also ließen sie den Senf bald anrühren und in einem nagelneuen Topf herrichten. Den trugen zwei Buben an einer Stange zum Kaiser, vor dem der Schultheiß eine Rede hielt und sagte: »Fester Junker Senf, da verehren wir Euch diesen Kaiser und bitten, dass ihr ihn für gut und zum Dank annehmt.«*

Als der Kaiser diese stattliche Rede hörte, lachte er und zog seinen Hut ab, um sich zu bedanken. Aber der Schultheiß fiel ihm in die Rede und sagte: »Setzt Euren Hut wieder auf, Junker Kaiser, seid bedeckt.« – »Setze du auch auf«, sagte der Kaiser zum Schultheiß. – »Nun, so wollen wir«, antwortete der Schultheiß dem Kaiser, »zugleich miteinander aufsetzen.«

Als aber die Buben den Topf niederstellen wollten – ich weiß nicht, wie es geschah –, da setzten sie ihn so hart nieder, dass er in Stücke brach und aller

Senf auf der Erde lag. »Dass der Veitstanz über euch komme«, sagte der Schultheiß ganz erzürnt. »Ihr Buben, ihr Schelme, ihr Diebe, ihr Mörder, ihr Ketzer, ihr Landesverräter – was ist das für eine Spitzbüberei? Konntet ihr nicht behutsam damit umgehen, ihr Bösewichter, ihr Spitzbuben? Ach, ach, Junker Kaiser, das war so ein guter Senf. Vier Häuser weit hat man ihn gerochen, und nun liegt er im Dreck. Ach, versucht ihn doch einmal, Junker Kaiser.« Dabei fuhr er mit der Hand in den Senf und wollte den Kaiser probieren lassen. Der aber mochte nicht kosten, sondern sagte, er rieche, dass er sehr gut gewesen wäre, das genüge ihm. Deshalb bedauere er den Schaden und wolle den guten Willen doch mit Dank annehmen. »Tut das, Junker Kaiser«, sprach der Schultheiß, »damit tut Ihr uns einen großen Gefallen.«

23. KAPITEL

Wie der Schultheiß mit dem Kaiser das Imbissmahl zu sich nahm und worüber dabei gesprochen wurde.

Der Kaiser hatte den Schultheiß und seine Untertanen eingeladen, bei ihm die Mahlzeit einzunehmen, wozu sich der Schultheiß entsprechend demütigen und dem Kaiser fügen musste. Als sie nun zu Tisch saßen – niemand außer meinem Herrn

Schultheiß neben dem Kaiser am Kopf der Tafel –, gingen viele zierliche Reden über sehr hohe und wichtige Sachen zwischen ihnen hin und her, welche hier zu erzählen viel zu lang dauern würde, weshalb ich sie denn übergehe und nur einiges kurz erwähnen will. Der Schultheiß sah den Sohn des Kaisers, der an einem anderen Tisch saß, immer wieder scharf und prüfend an. Der Kaiser bemerkte dies und fragte ihn deshalb: »Was hältst du von dem da?« Der Schultheiß antwortete: »Junker Kaiser, ist das nicht Euer Sohn?« – »Ja«, antwortete der Kaiser. – »Wahrhaftig«, sagte der Schultheiß, »ich habe es ihm an der Nase abgesehen. Aber sagt mir eines: Hat er noch keine Frau?« – »Nein«, sagte der Kaiser, »er hat noch keine. Weißt du nicht vielleicht eine, die zu ihm passen würde?« – »Ich wüsste wohl eine«, sagte der Schultheiß, »aber es müsste alles im Stillen geschehen, und von mir dürfte dabei nicht die Rede sein. Das ist ein feines, handfestes Menschenkind. Wenn der Junker Kaiser sie nur einmal sehen würde, wie sie jeden Morgen bis über die Knie im Dreck steht und arbeitet – ich weiß, Ihr würdet sagen, sie gefalle Euch auch, und ich hätte recht. Aber bitte, von mir dürfte dabei nicht die Rede sein.«

»Was wäre denn da zu tun?«, fragte der Kaiser. »Was meinst du, wie wir die Sache angehen sollten?« – »Zunächst einmal Folgendes, Junker Kaiser«, sagte der Schultheiß. »Danach will ich es sagen.« Der Schultheiß trinkt, der Schultheiß trinkt. »Wenn Ihr mir ein Paar Hosen geben wollt und meiner Frau bis über die Knie schicke rote Beine macht, wie die Störche sie haben, so will ich dafür sorgen, dass er sie zu sehen bekommt und dass sie ihm bald zu eigen werden soll.«

Das versprach ihm der Kaiser, und so wurde die Glocke bald gegossen, die Sache verabredet und beschlossen – aber mit dem Versprechen, Stillschweigen zu bewahren. »Denn«, sagte der Schultheiß, »wenn andere Burschen das mitbekämen, würde schon in der nächsten Stunde einer kommen und sie Eurem Sohn abspenstig machen.«

»Doch würde ich gern wissen«, sagte der ehrenwerte Schultheiß weiter, »was für ein Handwerk er beherrscht, damit ich ihren Eltern erklären kann, was er mit seinem Leben vorhat. Dann wird die Sache desto besser vorangehen, Junker Kaiser.«

»Nichts hat er gelernt«, sprach der Kaiser. »Aber was könnte er, deiner Meinung nach, noch lernen? Er ist noch jung und stark. Was meinst du, wozu er tauglich sein könnte? Was treibt denn der Vater der Jungfrau? Ob der ihm vielleicht helfen könnte?«

»Es ist wohl wahr, Junker Kaiser«, sprach der Schultheiß, »er hat noch einen jungen, starken Rücken. Es könnte aber sein, dass ihm darin ein faules Schelmenbein gewachsen ist. Das geschieht nämlich oft, wenn sie auf der Bärenhaut erzogen werden. Darum wird wohl auch so bald nichts aus der Hochzeit – weil er nichts gelernt hat. Aber man könnte ihn vorher für ein halbes Jahr an den Vater der Jungfrau verdingen, um zu sehen, wie er die faule Lende hinter sich lässt und wie anstellig er ist. Danach ist noch Zeit genug, zu überlegen, wie es weitergehen kann, Junker Kaiser.«

»Aber wer ist der Vater dieser Jungfrau«, fragte der Kaiser.

»Das will ich Euch sagen, wenn ich getrunken habe«, erwiderte der Schultheiß (der Schultheiß trinkt, der Schultheiß trinkt), »doch heimlich in ein Ohr, damit es sonst niemand hört.«

Als nun der Kaiser ihm ein Ohr zuneigte, sagte der Schultheiß: »Es ist der Sauhirt hier, dem Wir erst vorgestern zu diesem Amt verholfen haben, nachdem Wir ihm Platz gemacht haben. Weil er ein feiner, bescheidener Mann ist und dazu fromm, kann man wohl hoffen, dass er eines Tages auch Schultheiß werde, wie denn auch ich aus einem Schweinehirten zu solchen Ehren erhoben worden bin. Seine Tochter ist ein redliches, hurtiges Wesen, und es wäre gut für ihn, wenn er etwas lernen wollte, damit er sein Mus und sein Brot verdienen und Frau und Kinder ernähren kann (denn sie hat ein starkes Leder und wird den Rücken tapfer dahinter tun), Junker Kaiser.«

Der Kaiser dankte ihm für das freundliche Anerbieten und fügte hinzu, er wolle all dies noch einmal überdenken und ihn schriftlich wissen lassen, zu welchem Schluss er gelangt sei und wie es weitergehen soll.

24. KAPITEL

Wie die Bauern den Kaiser zu Gast gebeten und ihm eine saure Buttermilch vorgesetzt haben, auch, was sich dabei noch zugetragen hat.

Als nun die Bauern mit dem Kaiser die Mahlzeit eingenommen hatten und die erwähnten Gespräche verklungen waren, trat der Schultheiß vor den Kaiser und begann, in seinem eigenen Namen und dem der ganzen Gemeinde seiner Untertanen ungefähr folgendermaßen zu reden: »Ehrsamer Junker Kaiser, wir haben Euch das Eure weggegessen und weggesoffen. Darum ist es nur recht und billig, wenn wir wiederum Euch etwas nach unserem Vermögen anbieten. Deshalb bitten wir Euch, Junker Kaiser, verschmäht es nicht, zu uns zu kommen und einen Abendtrunk mit uns zu nehmen. Da müsst nun Ihr unser Gast sein. So wollen wir es uns wieder gut schmecken lassen – aber diesmal auf unsere Kosten, Junker Kaiser.«

Der Kaiser, dem die guten Schwänke und Possen sehr gefielen, war um der Kurzweil willen bereit dazu – jedoch unter dem Vorbehalt, dass man ihn nicht zum Trinken nötigen dürfe. »Seid unbesorgt, Junker Kaiser«, sagte der Schultheiß, »wir wollen doch, dass Ihr uns gnädig bleibt.«

So ging der Kaiser, nachdem sie ihn herumgeführt und ihm ihre Misthaufen gezeigt hatten, mit ihnen zu dem neu gebauten Rathaus, wo die Tische frisch gedeckt wurden.

Nachdem man sich die Hände gewaschen und zu Tisch gesetzt hatte und nun anfing, aufzutragen, da wurde als erstes eine Platte mit Karpfen hereingetragen. Die waren in Erbsen oder Mus gekocht und mit dem Löffel zu Brei verrührt. Danach wurde eine zweite Platte voller Karpfen aufgesetzt, die auf eine andere Art zubereitet waren, nämlich mit der Brühe nach lalischer Art. Da sagte der Schultheiß zum Kaiser, er solle nur tapfer in die Brühe tunken. Wenn nicht genug da sei, müsse man noch mehr anrichten, denn sie hätten noch einen halben Kübel übrig behalten.

Nach den Fischen, von denen einige auch am Spieß gebraten waren, brachte man einen Brei. Und als die an dem anderen Tisch, wo der Sohn des Kaisers saß, noch nicht aufgegessen hatten, rief mein Herr, der Schultheiß, überlaut: »Na, ihr Knaben, esst tapfer auf, was ihr habt. So wollen wir den Papp oder Brei auch beim Loch oder Gesäß (um es nicht gröber auszudrücken) nehmen. Aber Ihr, ehrenwerter Junker Kaiser, esst nur weiter. Ihr braucht auf die nicht zu warten. Denn:

Es steht geschrieben,
Sechs oder Sieben
Sollen nicht harren
Auf einen Narren,
Sondern essen
Und den Narren vergessen.«

Zuletzt wurde eine frische, kalte, saure, weiße Buttermilch aufgetragen. Nun hatten sie den Kaiser hinter den Tisch gesetzt, und der Schultheiß saß neben ihm und leistete ihm Gesellschaft. Die übrigen Bauern aber standen vor dem Tisch herum. An einem anderen Tisch saß des Kaisers Sohn, neben den sie einige Gefährten zur Unterhaltung platziert hatten. Es gab nun aber zwei Sorten Brot, die sie in die Milch brockten. Wo der Kaiser saß, waren es weiße Semmelwecken, und wo die Bauern saßen, lag Schwarzbrot. Haferstroh hätte ihnen auch genügt.

Während sie nun essen – der Junker Kaiser das weiße, die Bauernbengel das Haferbrot –, erwischt einer von den Bengeln zufällig einen Brocken vom weißen Brot und tunkt ihn hinein. Das sah der Schultheiß, schlug ihm, als er wieder in die Schüssel greifen wollte, auf die Hände und sagte: »Darfst du des Junker Kaisers Brot essen?« Der Flegel erschrak sehr, und weil er den Bissen noch ganz im Mund hatte, zog er ihn behutsam wieder heraus, legte ihn in die Schüssel zurück und schob sie behutsam vor den Platz des Kaisers. Das hatte auch der Kaiser bemerkt, wischte deshalb seinen Löffel ab und schenkte den Bauern die noch übrige Milch samt dem Weißbrot darin. Die Bauern nahmen diese Gabe mit großem Dank an – gemeinsam verspeisten sie die Milch vollends und lobten dabei die Freigebigkeit des Kaisers.

Nun wollte aber einer der Lalen die Milch für sich allein haben, als der Napf noch ziemlich voll war. Er nahm heimlich einen Bissen Brot und tat so, als würde er einen Schnüpferling aus der Nase in den Napf schleudern, so dass es einigen ins Gesicht spritzte. »Das soll der Teufel fressen«, sagten die anderen Lalen, wischten sich den Mund und ließen ihn die Milch allein auslappen, diesen Lappen.

25. KAPITEL

Wie sich der Schultheiß Lale mit Dank verabschiedete und die anderen Lalen nachher einander Rätsel aufgaben und wie sie auch den Kaiser ihre Bürgerlust sehen ließen.

Als die Mahlzeit zu Ende war, wurde es Zeit, Abschied zu nehmen, wie es sich gehört. Deshalb standen die vornehmsten Lalen auf, warfen ihre Wölfe (so nennt Eulenspiegel in Kapitel 46 die Mönchskutten*) um sich und traten ab. Der Schultheiß, der eine Rede halten sollte, trat auch ab und entfernte sich von den anderen – vielleicht, um zu überlegen, wie er seine Abschiedsworte wählen sollte, oder um etwas anderes zu tun. »Geht ihr nur fort hinein«, sagte er, »und wartet mein / ich will von Stund an bei euch sein / trink jeder indessen ein Gläschen Wein.« Als sie nun in aller Ehrbarkeit allesamt eintraten, klopfte der Pfaffe zum Abschied an einen Teller. Und als man so lange Zeit Silentium gehalten hatte, wie einer braucht, um eine überreife Birne auszusaugen, war mein Herr Schultheiß noch immer nicht wieder da, weshalb sich die anderen umsahen und zueinander sprachen: »Warum kommt er denn so langsam?« Zuletzt kam er dann doch dahergerasselt und verabschiedete sich mit Dank: »Also, ihr lieben Nachbarn und Freunde, alle, die ihr hier versammelt seid, wir sagen euch Dank für euer Erscheinen und bitten euch, gut zu stehen für das, was ihr verzehrt habt. Der Spieß und der Topf konnten es nicht besser hergeben, und der Koch es nicht besser anrichten. Was ihr gegessen und getrunken habt, das segne euch der liebe Gott: er wolle es euch segnen, er hat's euch gesegnet, er segnet's euch noch, er wird's euch segnen, er soll's euch segnen, er muss es euch segnen. Es gibt jeder für sich selbst, einer im anderen und mit einander und durch einander und neben einander, auch vor und nach einander und über- und unter-, auch hinter- und voreinander, drei Batzen: so viel habt ihr verschleckert. Ihr aber, Junker Kaiser, seid unser Gast gewesen: Ihr sollt nichts geben.«

Danach, als sich die Lalen wieder niedergesetzt hatten und anfingen zu trinken, fingen sie auch an, einander Rätsel aufzugeben. Der Schultheiß, der wieder neben dem Kaiser saß, raunte ihm heimlich ins Ohr, er wisse alles, was sie vorbringen würden und habe es auch schon gewusst, bevor er habe fensterln können*. Deswegen wolle er ihm all dies sagen, aber heimlich, damit die Sache nicht gar zu bekannt würde und dadurch in Verachtung geriete. Da fingen sie mit dem Rätselraten an, indem einer sagte: »Nun rate mir einer dies und rat mir das:

Ich ging zu meiner Gevatterin
Und bat sie um ihr Arsloch.
Sie gab mir's nicht und lieh mir's doch.
Sie sprach, es ist viel zu klein.
Sie sprach, oh wehe nein.
Ich will's netzen und reiben,
Mit Gwalt hineintreiben.
Doch mit Glimpf und Fug
Ist Faden und Lochs genug.«

»Ehrenwerter Junker Kaiser«, sagte der Schultheiß dem Kaiser in ein Ohr, »es ist eine Nadel. Aber sagt es niemandem.« Nach diesem war ein anderer an der Reihe, der sagte:

»Das Lange hanget,
Die Härin belanget:
Die Härin wett,
Dass sie die Lange in ihr hätt'.«

»Ehrenwerter Junker Kaiser«, sagte der Schultheiß zum Kaiser, aber nur in ein Ohr, »es ist eine Wurst, auf die eine Katze wartet, bis sie aus dem Kamin herunterfalle.«

Nach diesem sprach der Nächste, der trinken sollte, denn sie hatten vereinbart, dass derjenige, der als Nächster trinken würde, auch das nächste Rätsel aufgeben sollte. Er überlegte kurz und sagte dann:

»Von außen Haar
Und innen Haar
Ein Zapf von Haar darein:
Rate, was mag das wohl sein.«

»Ehrenwerter Junker Kaiser«, sagte der Schultheiß zum Kaiser, doch nur in ein Ohr, »es ist ein Instrument, mit welchem die Bauernbengel ihre Köpfe bedecken.« Nach diesem sprach ein anderer Lale.

»Ich saß auf dem Plöchlin
Und sah mir selbst ins Löchlin:
Ach Löchlin, wie bist so ungeheuer,
Wie sind um dich die Stich so teuer.«

»Ehrenwerter Junker Kaiser«, sagte der Schultheiß zum Kaiser. Was er aber zur Bedeutung dieses Rätsels gesagt hat, habe ich in meinem Exemplar, das von Würmern zerstochen war, nicht lesen können. Nach diesem gab ein anderer ein Rätsel auf und sprach:

»Loch gegen Loch
Haar ums Loch
Knappet manchem das Arsloch.«

»Ehrenwerter Junker Kaiser«, sprach der Schultheiß zum Kaiser, »das ist ein Pfeifer mit seiner Pfeife.«

Ein anderer Lale sagte, als er an die Reihe kam, zu reimen:

»Ich ging durch ein Gässlin,
Begegnet mir ein schwarz Pfäfflin:
Ehe ich konnt sagen: Och!
War er mir schon im Loch.«

»Ehrenwerter Junker Kaiser«, sprach der Schultheiß zum Kaiser, »lasst Euch nicht beirren, sondern denkt an einen Dorn, der einem in den Fuß geht.« – Noch einer trat hervor, der nicht der Geringste sein wollte, und sprach:

»Loch aufs Loch,
Zapf ins Loch,
Tetsch für den Arß
Rat, was ist das.«

»Ehrenwerter Junker Kaiser«, sprach der Schultheiß zum Kaiser, »sobald ich an meiner Mutter Euter gesogen hab, ist dieses Rätsel wahr geworden. Nun will ich aber auch eines sagen und allen anderen aufgeben. Hört zu, da hinten:

Frisch Leder, frische Häut,
Der Zipfel ghört in d'Leut:
Wenn der Zipfel tut hangen,
So ist der Mägdlein Freud vergangen.«

Auf dieses Rätsel des Herrn Schultheiß konnte niemand Antwort geben und erraten, dass es eine Sackpfeife wäre. So ließen sie ihn den Gewinner sein und hoben den Tisch auf.

Nach Aufhebung der Tafel fragten sie den Kaiser, ob er nicht flötzeln* wolle und danach ihre Bürgerlust sehen. Der Kaiser sagte, flötzeln müsse er nicht, würde aber gern ihre Bürgerlust* sehen. Darauf gingen sie hin, schlossen alle ihre Zäune zu und hielten ihre Bürgerlust und Kurzweil.

Unterdessen kam ein Durchreisender vor Laleburg an, und als er nicht in den Ort hineinkonnte, fragte er über den Zaun jemanden, warum dies geschehe. »Die Bürger«, sagte der befragte Lale, »halten ihre Bürgerlust.« – »Und was ist das?«, sagte der Fremde. – »Sie haben«, sagte der Lale, »einem Hund eine Blase mit Erbsen angehängt und lassen ihn nun, dem Kaiser zu Ehren, im Flecken (wer *Dorf* sagt, würde bestraft) herumlaufen.« Dies war die Bürgerlust: tue es ihnen nach, wenn du bei dergleichen noch nie mitgemacht hast.

26. KAPITEL

Wie der Kaiser begehrte, die Bauern sollten über einen toten Wolf ein Urteil fällen, und wie er dieses aufnahm.

Der Kaiser wunderte sich über ihre närrischen Possen und wusste nicht, wie er dies alles verstehen und deuten sollte, weil sie doch früher wegen ihres großen Verstandes und ihrer Weisheit so berühmt gewesen waren, nun aber nur noch grobe und törichte Zoten und possierliche Possen rissen. Deshalb wollte er herausfinden, ob es ihnen auch damit ernst sei oder ob sie es nur aus vorgespielter Torheit täten, und gab ihnen dazu eine Frage auf, über die sie zu Gericht sitzen sollten, um ihm nachher Bescheid über ihre Beratungen zu geben. Die Frage aber war diese: Als er vor einiger Zeit durch den Wald in der Nähe ihres Dorfes gekommen sei, habe er einen Wolf gefunden, der dort tot lag. Nun sollten sie ihm sagen, was die Ursache seines Todes gewesen sein könnte. Als sich das Gericht versammelt hatte und der Kaiser, wie es ihm erlaubt war, die Frage hatte vorbringen lassen, bildeten sich schließlich vier Meinungen heraus, deren jede ihre Anhänger hatte. Die erste lautete: Der Wolf sei in der großen Kälte barfuß durch den tiefen Schnee gegangen. Die Kälte habe ihm deshalb bis ans Herz geschlagen und ihn so heftig angegriffen, dass er davon habe sterben müssen. Die zweite Meinung war, früher sei der Wolf mehr zu Fuß gelaufen, dann aber auch viel geritten. Da habe man ihn vielleicht gejagt, und als ihm der Atem ausging, sei er erstickt. Das dritte Urteil war dieses: Der grausam große Schmerz und das Weh, das er verspürte, habe den Wolf ums Leben gebracht, denn ihm sei all seine Tage niemals so wehe gewesen wie eben in der Stunde, in der er gestorben sei. Im Kopf des Schultheiß steckte das vierte Urteil. Es lautete in deutscher Sprache so: Wir haben, liebe Nachbarn, an unserem Vieh wohl bemerkt, woran der Wolf gestorben ist. Denn wir haben an ihn so viel verloren, was er alles gefressen hat. Nun muss man bedenken, dass er keinen Haushalt hatte und niemanden, der sich um ihn gekümmert hätte – auch keine Haushälterin, wie unser Pfarrer eine hält. Da wird er mehr rohes Fleisch gegessen haben als gesottenes, gebackenes oder gebratenes. So sind auch die alten Kühe, die er oft des Hungers wegen hat fressen müssen, seinem schlecht verdauenden Magen nicht immer bekömmlich gewesen – zumal in der jüngst vergangenen Kälte. Außerdem habe er alles verzehrt, was er bekommen konnte – auch das von selbst gestorbene Vieh. Meinem Gevatter ist kürzlich eine alte Kuh gestorben. Sie war krank gewesen, und der Wolf hat sie roh in dieser Kälte verschluckt (hätte er sie doch wenigstens in eine Pastete backen lassen!) und hat darauf kaltes Wasser gesoffen. Das hat ihm den Magen erkältet (und neulich hat mein

Gevatter einen hart gefrorenen Wolfsdreck gefunden, ein klares Zeichen für einen unterkühlten Magen) – so dass er nicht mehr verdaut hat. Deshalb hat sich ihm viel Schleim und Unrat an die Leber gehängt, woraus ihm ein großes Grimmen und große Schmerzen entstanden sind. Ist es da verwunderlich, dass er schließlich daran gestorben ist? Unsereiner müsste wohl daran ersticken.

Nach dieser Ansprache wurde abgestimmt und einhellig beschlossen, der Schultheiß habe die beste Erklärung aufgezeigt, was sich dann obendrein auch noch an den Zähnen des Wolfes zeigte, weil sie so weiß waren, während sie doch sonst von der warmen Speise schwarz werden. Diesen Ratschluss und das Urteil ließ der Schultheiß an den Kaiser gelangen, der erklärte, sie hätten recht und ein gutes Urteil gefällt, und es gebe keinen Anlass, in Berufung zu gehen.

27. KAPITEL

Wie die Lalen eine Bitte an den Kaiser richteten und diese ihnen erfüllt wurde.

Weil aber der Kaiser länger bei ihnen geblieben war, als er zunächst gewollt hatte, kam nun die Zeit, von ihnen Abschied zu nehmen und sich den Geschäften des Reiches zu widmen. Er fügte aber noch hinzu, wenn sie irgendwelche Beschwerden hätten, sollten sie ihm diese anzeigen. Dann würde er ihnen beweisen, dass sie einen gnädigsten Herrn an ihm hätten. Darüber freuten sich die Lalen nicht wenig und ließen ihm deshalb durch ihren Schultheiß ihr Begehren folgendermaßen vortragen.

Nachdem sie vor einiger Zeit von fremdländischen Fürsten und Herren viel- und oftmals in Anspruch genommen und von ihrem Zuhause abgefordert worden seien – wobei sie an ihrem Hab und Gut großen Schaden und Verlust erlitten hätten und ihnen seither kein Speck in ihrer Küche gewachsen wäre –, seien sie aus der erwähnten Ursache veranlasst und gezwungen gewesen, um großem Ungemach zuvorzukommen und hochschädlichen Abgang ihrer Güter zu vermeiden, eine solche närrische Lebensweise anzunehmen, damit man sie nicht länger abforderte, sondern sie in ihrem Haus und Hof bleiben könnten. Und weil sie nun spürten und erkennen würden, dass ihnen solches bisher ersprießlich und nützlich gewesen sei, wollten sie auch so fortfahren. Sie müssten sich jedoch, weil die Welt boshaft sei, Sorgen machen, dass sie bei diesem ihrem Vorhaben aufgehalten, behindert, verlacht und verspottet würden, wie denn heutigen Tags kein Narr sicher sei, dass ihn nicht jedermann für einen Narren halten wollte. Also laute ihre Bitte und ihr Begehren an den Junker Kaiser, dieses ihr Vorhaben nicht nur zu bestätigen, sondern sie hierfür auch mit Privilegien auszustatten, auf dass sie von jedermann ungehindert, unbekümmert und unvexiert bleiben mögen.

Als der Kaiser ihre Bitte angehört und sie für geziemend erachtet hatte, gewährte er sie ihnen gnädiglich und versicherte sie obendrein mit den dazugehörigen Siegeln und Briefen, aus denen hier gleich ein Auszug folgt.

So zog der Kaiser, nachdem er der Kurzweil genug gehabt hatte, hinweg, wobei ihn die Lalen mit ihrer Ritterschaft, von der oben die Rede war, das Geleit gaben, für das der Kaiser ihnen eine gute Verehrung geben und Dank sagen ließ. Diese haben sie wenig später verzehrt.

28. KAPITEL

Auszug aus dem Freiheitsbrief, den die Lalen beim Kaiser erwirkten.

Wir etc. Kaiser etc. lassen hiermit jedermann wissen und tun kund, dass unser lieber und getreuer Schultheiß und die ganze Gemeinde von Laleburg in aller Untertänigkeit vor uns erschienen sind und uns die folgende Bitte vorgelegt haben: Nachdem sie den Beschluss gefasst haben, zur Verbesserung ihres Nutzens fürderhin ein neues Leben anzufangen, und indem sie uns davon berichtet und verständigt haben, wobei ihnen aber zu ihrem Vorhaben unsere kaiserliche Gnade und unsere Privilegien hochnotwendig sein sollen, richten sie nun an uns die dringliche Bitte, ihnen ihr Vorhaben zu bestätigen und ihm ausreichenden Schutz zu gewähren. Diese ihre Bitte haben wir für geziemend erachtet, und da wir stets bereit sein sollen, jedermann zu dienen, Schaden abzuwenden und den Nutzen zu fördern, so bestimmen wir und wollen, dass nun auch die oben genannten Laleburger, unsere lieben, getreuen und stets vergnügten Untertanen bei diesem ihrem Vorhaben, eine neue Lebensweise zu beginnen, auch weiterhin fortfahren und daran von niemandem gehindert werden sollen – weder in Worten noch mit Werken und ohne jede Arglist. Erklärt dies denn also – zur Vermeidung unserer und des Reiches Ungnade und Strafe – all denen, die unabsichtlich dagegen verstoßen. Auch haben wir den Lalen wegen all ihrer kurzweiligen Dienste und der Gefallen, die sie uns in unserem Beisein erwiesen und geleistet haben, obendrein diese Gnaden und Freiheiten zugestanden, und wünschen, dass auch sonst jedermann sich daran hält, dass die Lalen nämlich wegen dem, was sie nun anfangen und treiben werden oder schon getrieben haben, von keinem, wer es auch sei, ob hohen oder niederen Standes, angetastet, verlacht, verachtet, ausgepfiffen, verspottet, verulkt oder vexiert werden dürfen – weder hinterrücks noch offen, weder mit Worten noch mit Werken, auf keine Weise und keinem Wege, bei abermaliger Vermeidung unserer und des Reiches Ungnade und unnachgiebiger Pein und Strafe. Wir wollen denn schließlich auch festhalten, dass unser lieber und getreuer Schultheiß und die ganze Gemeinde zu Laleburg, ihren Wünschen gemäß, innerhalb und außerhalb des Utopischen Reiches unseres kurzweiligen Rates sein und bleiben sollen – in alle Ewigkeit, an allen Orten und in welcher Form und Weise und auf welchem Weg auch immer ihnen dies belieben und gefällig sein wird. Und niemand soll sie daran hindern und anfechten – bei Pein und Strafe einer Narrenkappe, an der eine, zwei, drei oder noch mehr Schellen hängen, je nach Größe der Übertretung und Schuld, die dem Übertreter, so oft und so tief er darin ergriffen wird, aufgesetzt und nicht wieder abgesetzt werden soll, bis er sich mit dem Beleidigten vertragen und obendrein zwei Gulden bei einem Wirt zur Strafe verzehrt hat. So ist unser Wille und unsere endgültige Meinung, welche wir ihnen mit diesem Auszug aus unserer kaiserlichen Bulle als Urkunde vergönnt und erlaubt haben, so geschehen im Jahr etc.

29. KAPITEL

Wie die Lalen, als sie das Abschiedsgeschenk des Kaisers verzehrten, ihre Füße verwechselten und sie nicht mehr erkannten, und wie zuletzt doch jeder die seinen wiederfand.

Nachdem nun der Kaiser abgereist war und den Lalen ein gutes Abschiedsmahl hinterlassen hatte, einigten sie sich darauf, es in einem Dorf, bevor sie wieder heimkehrten zu verzehren. Also sprengten sie mit ihren Steckenpferden in das nächste Dorf und zechten dort redlich. Als sie schließlich satt und trunken waren und doch noch etwas vorhanden war, das auch verzecht werden musste, überkam sie ein Gelüst, wie andere Junker auf eine grüne Aue hinauszuspazieren, sich dort zu erlustigen, das Essen zu verdauen und eine zweite Mahlzeit zu veranstalten. So zogen sie los, alle zusammen und jeder für sich, (vergaßen auch nicht, eine Flasche Wein und ein paar Weißbrötchen mitzunehmen, damit ihnen bei solcher Hitze die Mägen nicht austrockneten und nachher der ganze Wein ausliefe) und lagerten sich in das grüne Gras, aßen dort zu Abend und vergnügten sich wie Bürger, obwohl sie nur Bauern waren.

Nun trugen sie alle aber Hosen von der gleichen Farbe und hatten, wie es beim Zechen geschieht, die Beine ineinander verhakt und verschränkt. Als sie

nun nach Hause gehen wollten – siehe, da konnte keiner die eigenen Füße oder Beine erkennen, weil sie alle die gleiche Farbe hatten. Da saßen sie nun, sahen einander an, und jeder fürchtete, ein anderer nähme ihm seine Füße weg oder er einem anderen dessen Beine, und gerieten deswegen in große Angst. Als sie nun einander so angafften und nicht wussten, was sie tun sollten, da ritt zufällig einer auf einem Pferd vorüber (es könnte auch ein Esel gewesen sein). Den riefen sie zu sich, klagten ihm ihren Jammer und fragten, ob er nicht ein Mittel wüsste, wie jeder von ihnen seine Füße wiederbekommen könnte. Dieses Mittel solle er anwenden und nicht zögern, dann würden sie es ihm mit größter Dankbarkeit gut bezahlen. Der andere sagte, das könne er durchaus, steigt ab und tritt, nachdem er sich einen starken, guten Prügel zurechtgemacht hat, unter die Bauern und beginnt, dem Erstbesten auf die Beine zu schlagen. Und wen er traf, der sprang geschwind auf und hatte seine Beine wieder, denn dieser Gesell hatte sie für ihn gefunden.

Bloß einer blieb sitzen und sagte: »Lieber Herr, soll ich meine Beine denn nicht auch haben? Wollt Ihr das Geld nicht auch an mir verdienen? Oder sind das hier etwa die meinen?« Der andere aber sprach: »Herr, lasst mich mal sehen!« – und gab auch ihm einen Hieb, dass die Funken sprühten. So sprang denn auch dieser Letzte auf, und alle Bauern hatten ihre Füße wiederbekommen, waren froh, schenkten dem Mann noch ein Trinkgeld, zogen heim und nahmen sich vor, beim nächsten Mal vorsichtiger zu sein.

30. KAPITEL

Wie zwei Lalen miteinander die Häuser vertauschen.

Die Lalen waren mit ihrer Narrheit so geschickt und trieben sie so ausgiebig, dass sie ihnen nach und nach zur Gewohnheit wurde. Während sie sich anfangs mit klarem Verstand und Überlegung auf die Torheit eingelassen hatten, schlug sie ihnen nachher in die Natur und die Art, so dass sie die Narrheit nicht mehr aus Weisheit trieben, sondern aus echter, erblicher, angeborener Torheit. Und wer diesen Spruch: *Consuetudo est altera natura* (das heißt: Was zur Gewohnheit wird, schlägt in die Art) nicht glauben will, den würden die Bauern überzeugen, so dass er es glauben müsste, oder er wäre wohl ein Sch.* Denn sie konnten nichts anderes mehr tun – alles war närrisch, alles war lauter Narrheit und Torheit: was sie dachten, und erst recht all das, was sie anfingen.

Da waren nun zwei unter ihnen, die hatten irgendwo gehört, dass die Leute früher durch Tauschen viel gewonnen hätten. Das brachte sie auf die Idee, ihr Heil auch aneinander zu versuchen und zu wagen. Also vereinbarten sie, ihre Häuser gegeneinander zu tauschen. Dies geschah nun aber beim Wein, während sie die Abschiedsmahlzeit des Kaisers verzechten, wie denn solche Dinge gern geschehen, wenn der Wein sich eingeschlichen hat und der Verstand entwichen ist.

Als nun jeder dem anderen sein Haus überlassen sollte, nahm der eine, der hoch oben im Dorf wohnte, sein Haus (denn damals hatten die Bauern noch nicht so große Paläste wie heutzutage) und verfrachtete es stückweis ins Dorf hinab. Der andere aber, der zuunterst im Dorf gewohnt hatte, schleppte dagegen das seine hinauf – so hatten sie den Tausch miteinander vereinbart und vollzogen. Wer lacht da? Ei, Lieber, lacht nur! Oder ist es nicht des Lachens wert? So salzt es mit dem Nachfolgenden, dann wird es schmackhafter werden. Man muss ja eins mit dem anderen verkaufen und also Böses mit Gutem vertreiben.

31. KAPITEL

Wie der Schultheiß Lale
für seinen Sohn die Hochzeit ausrichtete
und was sich mit dem Bräutigam
und der Braut zugetragen hat.

Nun hatte der Schultheiß Lale einen erwachsenen Sohn, dem er eine Frau geben wollte. Deshalb sagte er zu ihm, er solle am Abend auf die Rocken- oder Spinnstuben gehen und nachsehen, ob da etwa ein schönes Maidlin wäre, das ihm gefiele. »Ja«, sagte der Sohn, »aber was soll ich sagen?« – »Was fragst du?«, sagte die Mutter. »Ein Wort gibt das andere.«

So zog der gute, junge Lale des Abends durch die Spinnstuben, wo viele hübsche Maidlin saßen, gibt sich wie ein rechter Lale, und was man ihn auch fragt, er sagt den ganzen Abend lang nichts anderes als: »Ein Wort gibt das andere – ein Wort gibt das andere.«

Dafür wurde er von allen, die zugegen waren, gründlich ausgelacht. Alle dachten: Was ist denn das für einer? Welche wird denn so einen nehmen wollen? Nur die Tochter des Schweinehirten, die der Schultheiß kurz zuvor dem Sohn des Kaisers hatte verschaffen wollen, hatte ein Auge auf ihn geworfen – und dann auch er auf sie. Als sie nachts heimgingen und er ihr versprach, wenn sie es drei Tage verschweigen könne, werde er sie heiraten und zur Kirche führen – da ließ sie sich leicht überreden, ihn mit sich nach Hause zu nehmen und dieselbe Nacht mit ihm zwischen zwei Bettlaken zu verschleißen.

Früh am Morgen, noch bevor es Tag wurde, sollte sie aufstehen und die Kühe melken. Weil ihr aber ein solches Glück widerfahren war und um es nicht zu verschütten, stand sie heimlich auf, in dem Glauben, der gute Geselle schlafe noch, und bat die Mutter, das Melken zu besorgen, denn bei ihr liege der Sohn des Schultheißen, der wolle sie ehelichen. Der Lale hörte dies alles und tat doch nichts dergleichen.

Am nächsten Tag ging er hin und nahm eine andere, die etwas vornehmer war als die Schweinehirtin, denn diese war ihm inzwischen zu einfach. Nun stand der Hochzeit nichts mehr im Wege, außer dass sie vorbereitet werden musste. Der Schultheiß besaß eine liebe Geiß, die er seit ihrer Jugend aufgezogen und zehn Jahre lang behalten hatte. Die wollte er nun für die Hochzeit schlachten, damit sie nicht etwa zu alt würde. Aber als er sie auf den Holzblock gelegt und ihr den Hals umgedreht hatte, ging ihm das so sehr zu Herzen, dass er seine Frau rief und sagte: »Ach, schau doch, wie mich die arme Geiß so traurig ansieht – ich mag sie nicht töten.« Auch die Frau Schultheiß sagte: »Ach, töte sie nicht. Mir tut sie so leid, als wäre sie mein eigenes leibliches Kind.« Also blieb die Geiß am Leben, und man hielt Ausschau nach anderer Speise für die Hochzeit.

Als nun der Einzug in die Kirche geschehen sollte und man in aller Ehrbarkeit paarweise, wie es der Brauch war, das Gotteshaus betrat – die Braut mit den Frauen vorneweg und die Männer mit dem Bräutigam hinterdrein –, stellt euch vor: da trat die Tochter des Schweinehirten, bei der er schon eine Nacht gewesen war, zu ihm, griff ihn mit groben, scharfen Worten an, schalt ihn wie ein totes Ross und verlangte von ihm zu halten, was er ihr versprochen hatte. Er aber beschwichtigte sie, so gut er konnte, und sagte, auch sie habe nicht gehalten, was sie ihm des dreitägigen Stillschweigens halber zugesagt hatte. So wurde die brave Tochter nach langem Getümmel abgewiesen, und der Einzug in die Kirche ging weiter. Nun hatte aber die Braut, die vorneweg gegangen war und dringend heiraten musste, die Streiterei gehört und durfte sich doch nicht umschauen, weil sie wie eine Geiß am Strick prangen musste.

Die Mutter der Hochzeiterin hatte ihre Tochter gründlich unterrichtet, wie sie sich bei Tisch verhalten sollte, und hatte ihr unter anderem auch diese Lehre erteilt: Sie solle fein züchtig sein, nur mit halbem Mund reden, die Speise mit zwei Fingern nehmen und die Finger nicht abschlecken. Und wenn sie gegessen hätte, solle sie die Bein säuberlich auf den Tisch neben den Teller legen. Die Tochter versprach, alles so zu machen – und als man dann am Tisch saß, stellte sie sich so geschickt an, wie sie konnte, und war züchtig, wie es ihr die Mutter befohlen hatte. Aber wenn sie etwas sagen wollte, hielt sie sich den Mund auf einer Seite mit der Hand halb zu und sprach, wie es ihr die Mutter erklärt hatte, nur mit halbem Mund.

So weit ging alles gut. Als man aber das Essen auftrug, war unter den Gerichten auch eine Platte voller ausgemachter Erbsen. Da dachte die Braut abermals an die Lehren ihrer Mutter, dass sie nur mit zwei Fingern essen sollte, fing also an, die Erbsen mit den beiden Fingern, die man die Schleckfinger an der rechten und der linken Hand nennt, herauszuklauben und eine nach der anderen zu essen. Und als sie sich ihre Finger schmutzig gemacht hatte, hielt sie beide Hände hoch und rief ihrer Mutter zu: »Mutter, wer schleckt mir jetzt die Finger ab?« – »Schweig, du Sack«, sagte die Mutter, »und wische sie am Tischtuch ab.«

Das also hieß »mit zwei Fingern essen«. Da komme doch einer, der etwas anderes sagt. Der muss es erlogen haben, denn ich lüge nicht. Aber sei's drum. Das Folgende ziert die Braut erst recht.

Denn sie dachte abermals an die Lehre ihrer Mutter und bat darum, den Tisch etwas von ihr abzurücken. Als dies geschehen war, lüpfte sie ihre Beine (nicht die Knochen, die vom Gebratenen übrig geblieben waren, sondern die beiden Säulen, auf denen ihr ganzer Leib errichtet und befestigt war) ganz gemächlich und säuberlich neben ihren Teller auf den Tisch – auf jede Seite eines, denn anders wollte es nicht passen. Was meint ihr – ob sie nicht geprangt hat, als man ihre Ich-weiß-nicht-was gesehen hat? Hier sage ich nicht, dass sie aus Unbequemlichkeit beim Sitzen und weil sie sich vollgefressen hat, einen solchen Wind über den Tisch machte, dass davon die Lichter ausgingen, einigen auch die Hüte von den Köpfen flogen, allen aber die Nasen so voll wurden, als hätten sie Bisam gerochen.

Nach vollbrachter Mahlzeit trat der nächste Lale nach dem Schultheiß hervor, um den Gästen zu danken, und nachdem er seine Ehrerbietung zum Ausdruck gebracht hatte, sagte er: »Ehrenfeste, ehrsame und weise Frauen und Töchter, desgleichen auch züchtige und tugendreiche Männer und Gesellen! Was ihr gegessen und getrunken habt, das segne euch Gott. Der Vater der Braut, die Brautmutter, Brauttochter, Brautschwester, Brautschwager und der Braut ganzer ehrenwerter Freundeskreis – lassen euch allen freundlich danken etc.« Auch das Übrige hat er richtig gemacht.

Nachher wurden die beiden neuen Eheleute zusammengelegt (sie hätten sich wohl auch selbst zusammentun können), und dann sang man vor der Tür den »Bentzenauer«.* Als sie nun in Freuden miteinander das Bett zerbrachen, fragte die Braut ihren Lale, was denn die Tochter des Sauhirten beim Einzug in die Kirche von ihm gewollt habe. Aber er wollte es ihr lange nicht sagen – bis er es ihr zuletzt doch sagen musste, weil ihn die Sorge überkam, dass sie ihm sonst womöglich ein Gänglein abschlüge. »Aber hat sie denn nicht drei Tage lang schweigen können?«, fragte die Braut. – »Nein«, sagte der Bräutigam. – »Oh, was für eine Närrin, dass sie es nicht mal drei Tage verschweigen konnte. Ich bin wohl zwei Jahre bei den Knechten meines Vaters gelegen und hab's keinem Menschen – außer jetzt dir – gesagt.« Also hat dieser Bräutigam wohl gewonnen und ein Ross für eine Pfeife hergegeben – und musste es doch verdrücken und hinunterschlucken, wenn auch gegen seines Herzens Willen.

32. KAPITEL

Wie die Lalen das Gras auf einer alten Mauer von ihrem Vieh abweiden lassen wollten.

Die Lalen waren in dem, was sie taten, ernsthaft bei der Sache, vor allem wegen des allgemeinen Nutzens, damit er sich entfalte und keinen Schaden nähme. Eines Tages gingen sie hinaus, um eine alte Mauer, die von einem alten Gebäude übrig geblieben war, zu besichtigen und zu untersuchen, ob sie die Steine davon noch verwenden könnten. Nun war aber auf der Mauer schönes, langes Gras gewachsen, und es bekümmerte die Bauern, dass es verloren gehen und niemandem zunutze sein würde. Deshalb berieten sie, wie man ihm gerecht werden könnte. Da gab es nun die verschiedensten Meinungen: Die einen meinten, man solle es abmähen. Aber niemand wollte das riskieren und sich auf die Mauer wagen. Andere meinten, wenn unter ihnen Schützen wären, sollte man es am besten mit einem Pfeil abschießen. Schließlich meldete sich der Schultheiß und schlug vor, man solle Vieh auf die Mauer lassen – es könnte das Gras abweiden. So bräuchte man es weder abzumähen noch herunterzuschießen.

Diesem Rat als dem besten stimmte die ganze Gemeinde zu, und zum Dank dafür wurde ferner beschlossen, die Kuh des Schultheiß sollte als Erste den Nutzen davon haben, was der Schultheiß gern gestattete. Also legten sie der Kuh ein starkes Seil um den Hals, warfen es über die Mauer und fingen auf der anderen Seite an zu ziehen. Als sich aber der Strick zuzog, begann die Kuh zu würgen, und als sie fast oben war, streckte sie die Zunge heraus. Das sah ein groß gewachsener Lale und schrie: »Zieht, liebe Lalen, zieht. Leib und Seele hängen aneinander.« – »Zieht noch einmal, zieht«, sprach der Schultheiß, »sie hat das Gras schon gerochen und die Zunge danach ausgestreckt. Zieht, zieht, sie ist bald oben. Sie ist so tölpisch und ungeschickt, dass sie sich selbst nicht helfen kann. Es sollte sie einer von euch vollends hinaufstoßen.«

Aber es war vergebens. Die Lalen konnten die Kuh nicht hinaufbringen, sondern ließen sie wieder herab. Da war sie tot. Die Lalen freuten sich darüber – nur weil sie nun etwas zu schinden und zu metzgern hatten.

33. KAPITEL

Von einer Lalin, die mit Eiern zum Markt zog, dabei für sich eine wundersame Berechnung anstellte, und wie es ihr dann erging.

Es gibt ein altes, aber allgemein bekanntes Sprichwort, welches lautet:

Das Hoffen und das lange Harren
  Gewisslich machet manchen Narren.
Wer vor dem Wirt die Zech will machen,
  Der schadet seinen eignen Sachen.
Gibt er zu wenig oder zu viel,
  So hat er schon verderbt das Spiel.
Doch muss man lassen gelten das:
  Wer Gutes hofft, der hat schon was.

So erging es auch dieser Frau Lalin. Denn als sie nur eine einzige Henne hatte, die ihr jeden Tag ein Ei legte, sammelte sie von denen so viele, bis sie für drei Batzen Eier zu haben glaubte, legte sie in ein Körbchen und zog damit auf den Markt. Unterwegs, als sie keinen Gefährten hatte, kamen ihr allerlei Gedanken in den Sinn: unter anderem dachte sie auch an die Ware, die sie zu Markte trug, sprach lange mit sich selbst, den ganzen Weg lang, und stellte dabei die folgende Berechnung an.

»Siehe«, sagte sie zu sich selbst, »du erlöst auf dem Markt drei Batzen. Was wirst du damit tun? Du wirst dafür zwei Leghennen kaufen. Diese beiden samt der, die du hast, werden dir in soundso viel Tagen soundso viele Eier legen. Wenn du sie wieder verkaufst, wirst du noch drei Hennen kaufen, und das Übrige ist schon Gewinn. Also hast du sechs Hennen: Die legen dir in einem Monat soundso viele Eier. Die wirst du verkaufen (kannst dennoch wohl bisweilen ein halbes essen) und das Geld zusammenlegen. So kannst du Nutzen haben von den Hennen: Die alten, die nicht mehr legen, verkaufst du, das ist das Erste. Die jungen legen dir Eier, das ist das Zweite. Sie brüten die Jungen aus, die du zum Teil großziehen und deinen Haufen damit vermehren, zum Teil verkaufen und Geld daraus machen kannst, das ist das Dritte. Außerdem kannst du sie rupfen wie die Gänse, das ist das Vierte. Von dem zusammengelegten Geld wirst du dann ein paar Gänse kaufen, die bringen dir ebenfalls Nutzen – mit Eiern, mit Jungen, mit Federn. Also hast du Nutzen von Hennen und Gänsen und kommst in acht Tagen soundso weit. Danach wirst du eine Geiß kaufen, die gibt dir Milch und junge Zicklein. So hast du denn junge und alte Hühner, junge und alte Gänse, Eier, Federn, Milch, Zicklein und Wolle, denn du wirst ausprobieren, ob sich die Geiß vielleicht scheren lässt. Danach wirst du eine Schweinemutter kaufen – so hast du noch Nutzen über den bisherigen Nutzen hinaus, mit jungen Ferkeln, Speck, Würsten und anderem. Danach wirst du eine Kuh kaufen, die gibt dir Milch, Kälber und Mist. Was wirst du mit dem Mist tun, wenn du keinen Acker hast? Du wirst einen Acker kaufen. Der gibt dir Korn, so dass du keines mehr zu kaufen brauchst. Danach wirst du Pferde kaufen und Knechte einstellen, die sich um dein Vieh kümmern und den Acker bestellen. Danach wirst du Schafe kaufen. Danach wirst du dein Haus größer machen. Dann könntest du gegen Geld Hausgesinde einstellen. Danach wirst du mehr Güter kaufen. Also wird es an nichts fehlen. Denn du hast Nutzen von jungen und alten Hühnern, von jungen und alten Gänsen, von Eiern, von Ziegenmilch, von Wolle, von jungen Zicklein und Lämmlein, von jungen Säulein und Kühen (denen du auch vielleicht die Hörner absägen und sie an die Messerschmiede verkaufen könntest), von Kälbern, von Äckern, von Matten, von Hauszins und anderem. Danach wirst du einen jungen Mann nehmen, mit dem wirst du in Freuden leben und eine Gnädige Frau sein. Ach, wie gut wirst du es dir gehen lassen und jedem ein gutes Wort geben. *Juchho, juchhejaho, hopffas* – drei Finger im Salzfass ist das Wappen der Bauern, das will ich dann nicht mehr führen.«

In solche Gedanken verstieg sich die gute Lalin so tief, dass sie gleichsam ganz unempfindlich wurde und sich nicht anders fühlte als ein Betrunkener. Als sie *ju hopffas* rief, wollte sie auch einen Arm hochreißen und einen Sprung tun. Ich weiß aber bei Sankt Grix* nicht, wie sie das gemacht hat. Als sie den Arm hochriss und dazu jauchzte, stieß sie mit ihm an den Korb, in dem die Eier lagen, so dass er sich ganz ungestüm in die Tiefe stürzte und alle Eier zerbrachen. Da lag nun ihre ganze Gnädigefrauschaft im Dreck. Wer Lust dazu hat, mag alles auflesen und damit und zusammen mit ihr ein Gnädiger Herr werden.

34. KAPITEL

Wie die Lalen eine lange Wurst machten und sie nicht kochen konnten.

Eine Zeitlang hatten die Lalen eine gute schweinene Sau. Die wollten sie behalten und mästen. Als diese Sau nun aber in einer Scheune auf den Hafer stieß, fraß sie, vom Hunger getrieben, etwas zu viel, weshalb sie dann verklagt und von der ganzen Gemeinde als ein Dieb vom Leben zum Tod verurteilt wurde. Als nun Zeter geschrien und der Stab über sie gebrochen wurde, richtete man sie alsbald mit dem Messer, wie das Recht es mit sich bringt, vom Leben zum Tod, und all ihr Hab und Gut, Haut und Haar, fiel den Richtern anheim, um sie zu verfressen. Denn weil sie mit Fressen ihr Leben verwirkt hatte, war es nur recht und billig, dass sie genauso bestraft und ebenso gefressen werden sollte. Nun wollten die Bauern allem an ihr die Ehre geben und, damit nichts unnütz abginge, auch Würste machen. Also nehmen sie das ganze Gedärm, waschen es aus, füllen es, so lang es war, mit Speck, Blut, Leber, Lunge, Hirn, kleinen Knöchelchen und anderem, was man bei einer Wurst zu brauchen pflegt, und machen daraus eine einzige Wurst. Die war so lang wie der ganze Darm.

Als nun der Tag kam, an dem sie das Urteil vollenden und die Sau auffressen sollten, da wollten sie die lange Wurst als Vorspeise haben, konnten aber keinen Topf finden, der lang genug gewesen wäre, die Wurst der Länge nach darin zu kochen. Denn alle meinten, der Topf müsse so lang sein wie die Wurst. Da wussten sie nun plötzlich nicht weiter. Denn nicht nur, dass sie keinen so langen Topf bei der Hand gehabt hätten – es war auch kein Töpfer bereit, ihnen einen solchen zu töpfern.

In solchem Zweifel und Unmut geht einer der Lalen durch das Dorf, und als er bei einigen Gänsen vorübergeht, fangen diese an zu schnattern: Gigag, gigag. (Etliche Skribenten meinen, es sei ein Esel gewesen und er habe geschrien (mach's nicht zu laut, dass ich ihn nicht höre): I-a, I-a, I-a, I-a – was durchaus sein könnte.) Das hört der Lale, kehrt um und glaubt, er habe die Gänse nicht richtig verstanden. Er meint, sie hätten gesagt: Zwiefach, zwiefach. Deshalb ging er wieder zur Gemeinde und sprach: Es sei ja wohl eine Schande, dass sie erst jetzt und von den Gänsen lernen sollten, dass man die Würste zweifach in den Topf legen müsse. Als die Gemeinde das gehört hatte, überlegte man weiter und kam zu dem Schluss (denn sie waren gute *Lechmici**): wenn man die Wurst zweifach kochen könnte, könne man sie auch dreifach kochen (denn was sich zweie, das dreie sich auch gern) oder vierfach und noch mehrfach. Also legten sie die Wurst so oftfach zusammen, bis sie derart eng gepresst war, dass man sie in einen gewöhnlichen Topf legen konnte (denn selbst hineinspringen konnte sie ja nicht). So wurde sie denn gekocht und ausgeteilt, und jeder bekam ein Stück, das ihm dreimal um den Mund ging. Denn jeder musste den einen Zipfel von der Wurst ins Maul nehmen und festhalten, während sie ihm mit dem anderen Teil dreimal um den Kopf fuhren – und wenn sie zum dritten Mal an das Maul kamen, dann biss er ab, und dies war dann sein Anteil. Daher hat sich dieses Sprichwort bis zum heutigen Tag erhalten, denn die Lalen sagen noch immer: »Man muss dir eine Wurst braten, die dreimal ums Maul geht.«

35. KAPITEL

Wie die Lalen einen Mühlstein ausgruben und einer damit weglief.

Die Bauern hatten eine Mühle gebaut, für die sie in gemeinsamer Arbeit auf einem hohen Berg in einem Steinbruch einen Stein gehauen und mit großer Mühe und Arbeit den Berg hinuntergebracht hatten.

Als sie schließlich mit ihm unten waren, fiel ihnen ein, wie leicht sie das Bauholz für ihr Rathaus den Berg hinabgebracht hatten, als sie es selbst den Berg hatten hinablaufen lassen. Deswegen sagten sie untereinander: »Was sind wir doch für große Narren, dass wir es uns so schwer machen, wo wir es auch mit geringerer Arbeit ausrichten könnten. Wir wollen den Stein wieder hinauftragen und dann selbst herunterlaufen lassen, wie wir es mit unserem Bauholz auch gemacht haben.«

Das gefiel ihnen allen, und so trugen sie den Stein mit viel größerer Mühe wieder auf den Berg, und als sie ihn gerade wieder herabstoßen wollten, sprach einer von ihnen: »Wie wollen wir dann aber wissen, wohin er gelaufen ist? Wer wird uns das da unten sagen?« – »Ei«, sagte der Schultheiß, der diesen Vorschlag gemacht hatte, »das lässt sich leicht machen. Einer von uns muss seinen Kopf in dieses Loch stecken (denn die Mühlsteine haben in der Mitte ein großes Loch) und mit dem Stein den Berg hinablaufen.« Das wurde nun für gut angesehen, und bald wurde einer erwählt, der den Kopf in das Loch geschoben hat und mit dem Stein den Berg hinabgelaufen ist.

Nun war ganz unten am Berg ein Fischweiher. In den fiel der Stein samt dem Lalen, so dass die Lalen beide verloren – den Stein und den Mann –, und keiner wusste, wo sie hingekommen sein könnten. Also fiel ein Argwohn auf den Gesellen, der mit dem Stein gelaufen war. Als wäre dieser mit dem

Mühlstein weggelaufen und wollte ihnen das Ihre entwenden. Deshalb ließen sie in allen umliegenden Städten, Dörfern und Flecken öffentliche Bekanntmachungen anschlagen: Wenn jemand mit einem Mühlstein um den Hals auftauchen würde, so solle man ihn festnehmen und ihm als einem, der sich am Gemeingut bereichert hat, seine Rechte entziehen.

Aber der arme Teufel lag im Weiher und war tot. Hätte er noch reden können, so hätte er ihnen bestimmt gesagt, dass sie sich seinetwegen keine Sorgen zu machen bräuchten. Er wolle ihnen ja das Ihre wieder zustellen. Aber die Last hatte ihn so sehr gedrückt und so tief hinuntergezogen, dass er, nachdem er genug Wasser geschluckt hatte, ja mehr, als ihm guttat, zu Tode starb und noch heutigen Tages tot ist und tot bleiben wird, soll und muss.

36. KAPITEL

Die Lalen haben Mitleid mit einem armen Nussbaum, und wie sie mit ihm umgegangen sind.

Nicht fern von Laleburg floss ein Wasser vorüber, an dessen Ufer ein hoher Nussbaum haushielt. Dem hing ein großer Ast bis über das Wasser hinab, und es fehlte wenig, sonst hätte er es berührt. Eines Tages sahen die Lalen dies, und weil sie einfältige, liebe, fromme Lalen und Bauern waren, wie man sie heute kaum noch findet, hatten sie ein herzliches Erbarmen und großes Mitleid mit dem guten Nussbaum und berieten miteinander, was den Nussbaum wohl dazu gebracht habe, sich so dicht über das Wasser zu neigen.

Als nun hierüber mancherlei Meinungen vorgebracht worden waren, sagte letztlich mein Herr Schultheiß, ob sie nicht närrische Leute wären. Sie sähen doch, dass der Baum an einer trockenen Stelle stehe und sich darum zu dem Wasser neige, weil er es gern trinken würde. Er glaube auch, der unterste Ast sei der Schnabel des Baumes, den er nach dem Trunk ausstrecke. Die Lalen berieten sich kurz und dachten, sie würden ein Werk der Barmherzigkeit tun, wenn sie ihm zu trinken gäben – legten deswegen ein langes Seil oben um den Baum, stellten sich auf die an-

dere Seite des Wassers und zogen den Baum mit Gewalt herab, wobei sie glaubten, so würden sie ihm zu trinken geben. Als sie ihn fast im Wasser hatten, befahlen sie einem von ihnen, auf den Baum zu steigen und ihm den Schnabel vollends ins Wasser zu tunken. Indem nun dieser Mann hinaufsteigt und den Ast hinunter in das Wasser tunkt, zerreißt den Bauern das Seil. Der Baum schnellt wieder in die Höhe, und dabei schlägt ein harter Ast dem Bauern den Kopf ab. Dieser fällt ins Wasser, so dass ihn die Bauern nicht mehr sehen. Der Körper aber fällt vom Baum herunter und hat keinen Kopf mehr.

Darüber erschraken die Bauern sehr, hielten auf der Stelle, im Stehen, Gericht und fragten herum, ob er auch einen Kopf gehabt habe, als er auf den Baum gestiegen sei? Aber keiner von ihnen wusste es. Der Schultheiß sagte, er glaube fest, dass er keinen Kopf gehabt habe, als er mit ihnen hinausgegangen sei. Denn er habe ihn drei- oder viermal gerufen, aber nie eine Antwort von ihm gehört. Woraus er denn (als ein guter Lechmicus) schließe: Habe er nichts gehört, so habe er auch keine Ohren gehabt. Wenn er keine Ohren hatte, habe er auch keinen Kopf gehabt, denn die Ohren müssen ja am Kopf stehen. Doch das wisse er nicht direkt. Deshalb wäre sein Rat, jemanden zu seiner Frau zu schicken und sie fragen zu lassen, ob ihr Mann heute morgen auch den Kopf bei sich gehabt habe, als er aufgestanden und ausgegangen sei.

Die Frau sagte, sie wisse es nicht. Aber wohl bewusst sei ihr noch, dass sie ihn am vergangenen Samstag gewaschen habe. Da habe er den Kopf noch gehabt und viel Unflat hinter den Ohren. Seither habe sie nicht mehr so sehr darauf geachtet. »Dort an jener Wand«, sagte sie, »hängt sein Hut. Wenn der Kopf nicht darinnen steckt, so wird er ihn mit sich hinausgenommen oder anderswo hingelegt haben, was ich nicht weiß.« Also lugten sie unter den Hut an der Wand – aber da war nichts. Und noch heutigen Tages kann in dem ganzen Flecken niemand sagen, wie es dem Lalen mit seinem Kopf ergangen ist – ob er ihn daheim gelassen oder mit sich hinausgetragen hat.

37. KAPITEL

Ein Lale wollte
bei dem anderen einen Wagen ausleihen.

Zwei Bauern zu Laleburg waren Nachbarn, und ihre Häuser standen nah beieinander. Eines frühen Morgens, ungefähr gegen acht Uhr, kam der eine an das Fenster des anderen und klopfte mit dem Finger daran, damit man nicht meine, es sei mit einem Stiefel geschehen. Der andere lag noch hinter dem Ofen in der Höll* (wie sie es nennen) im Nest und mochte vor lauter Faulheit nicht aus dem Stroh, sondern rief mit lauter Stimme: »Wer klopft da so früh?« – »Ich bin's, Nachbar«, sagte der andere Lale, »was tut Ihr gerade?« Der in der Stube antwortete: »Ich liege hier und schlafe. Was wollt Ihr denn, Herr Nachbar?« Der vor dem Fenster sagte: »Wenn Ihr nicht schliefet, wollte ich Euch um Euren Wagen gebeten haben. Aber ich bin im Nu wieder da, wenn Ihr aufwacht.« – »Das tut nur!«, sagte der in den Strohfedern. Also vermeinten beide, wenn einer im Bett liege, so schlafe er auch.

38. KAPITEL

Wie ein Lale sein Pferd schonte, dasselbe aber verlor, indem er die Ehre der Laleburger zu retten versuchte.

Ein Laleburger hatte gehört, dass man niemandem zu viel zumuten und keinem mehr aufladen solle, als er tragen kann. Deshalb pflegte er, wenn er das Mehl heimführen sollte, sich auf sein Ross zu setzen und die vollen Säcke mit Korn oder Mehl auf seine Schultern zu nehmen, um das arme Tier nicht allzu sehr zu beschweren. Er war nämlich ein Müller und gewiss frommer, als sie im Allgemeinen sind. So mancher Herr und manche Frau täten so etwas für ihre Dienstboten nicht – wenn sie aber diese zu Eseln machen könnten, würden sie nicht lange zögern.

Dieser Müller Lale ritt nun einmal vom Feld heim. Da sah und hörte er, wie ein fremder Kuckuck auf einem Baum mit dem ansässigen Kuckuck ein Scharmützel austrug, denn vorher hatten sie eine ganze Weile aus zwei Bäumen gegeneinander gekuckuckt. Als aber der Lale sah, dass der fremde Kuckuck seinem Kuckuck im Kuckuckrufen überlegen war, dass er etwa fünfzehn Kuckuckrufe mehr von sich gegeben hatte als der seine, da stieg er zornig von seinem Ross, kletterte auf den Baum zu seinem Kuckuck hinauf und half ihm, so viele Male und so lange Kuckuck zu rufen, bis der fremde Kuckuck überwunden war und Federn lassen musste.

Inzwischen kommt ein Wolf und frisst das Pferd des Müllers unter dem Baum. Aber der Lale wollte noch nicht vom Baum herunter, bis der fremde Kuckuck ganz verjagt wäre. Darum musste er nachher zu Fuß heimreiten – auf dem Fohlen der Stute.

Sobald er aber heimgekommen war, erzählte er den Laleburgern, welche Ehre und welchen Ruhm er zum gemeinen Nutzen beigetragen habe, indem er ihrem Kuckuck gegen den fremden Kuckuck Hilfe und Beistand geleistet habe. Er selbst habe dabei nur einen kleinen Schaden erlitten. Denn während er im größten Ernst und Kampf mit dem fremden Kuckuck gewesen sei, habe ihm unterdessen ein Wolf sein Ross gefressen – mit des Teufels Segen! Das habe er ihnen mitteilen wollen. Ob sie ihm nun vielleicht zu einem anderen Pferd verhelfen könnten? Als der Schultheiß und die Gemeinde die Rede ihres Mitbürgers vernommen hatten, hielten sie es für unbillig, dass jemand, der sich so fleißig und ernsthaft um die Ehre und den Namen der ganzen Gemeinde bemüht hatte, deshalb Schaden erleiden sollte. Also beschlossen sie, dass ihm aus dem gemeinen Säckel ein anderes Ross gekauft und noch ein Geschenk dazugegeben werden sollte. Und so geschah es.

39. KAPITEL

Die Laleburger verstecken ihre Glocke im See.

Als eines Tages Kriegsgerüchte laut wurden, fürchteten die Lalen sehr um ihr Hab und Gut – dass ihnen von den Feinden nichts geraubt und weggeführt würde. Vor allem aber wurde ihnen angst und bange um eine Glocke, die über ihrem Rathaus hing. Sie dachten, man werde ihnen dieselbe wegnehmen und Gewehre daraus gießen. Also wurden sie nach langer Beratung einig, die Glocke bis zum Ende des Krieges in den See zu versenken und sie dann wieder herauszuziehen und aufzuhängen. So tragen sie sie denn in ein Schiff und fahren damit auf den See hinaus.

Als sie aber die Glocke hineinwerfen wollen, sagt einer von ihnen: »Aber wie wollen wir die Stelle wiederfinden, an der wir sie aus dem Schiff geworfen haben, wenn wir sie gern wiederhätten?« – »Da lass dir«, sprach der Schultheiß, »deshalb keine grauen Haare im etc. wachsen« – und machte sich ans Werk. Mit einem Messer schnitt er eine Kerbe in das Schiff – an der Stelle, wo sie die Glocke hinauswerfen wollten, und sagte: »Hier, bei diesem Schnitt wollen wir sie wiederfinden.« Da wurde nun also die Glocke hinausgeworfen und versenkt. Nachdem aber der Krieg vorbei war, fuhren sie wieder auf den See, um ihre Glocke zu holen – und fanden zwar

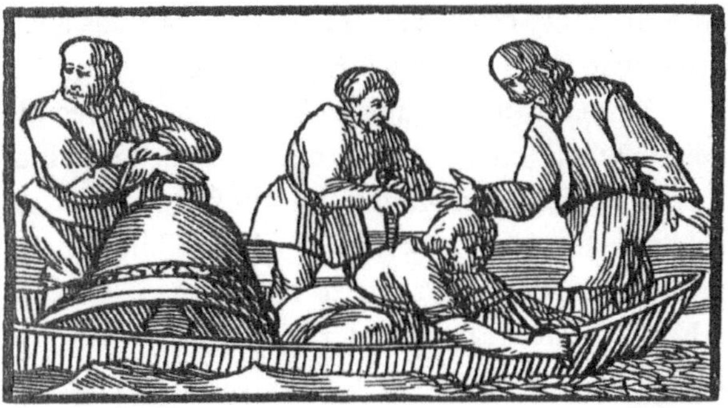

die Kerbe an ihrem Schiff, nicht aber die Glocke und auch die Stelle im Wasser nicht, wo sie sie versenkt hatten. So fehlt ihnen denn ihre gute Glocke auch heutigen Tages noch.

40. KAPITEL

Von einem Reiter aus Laleburg.

Ein Laleburger ritt mit anderen hinweg, und überall, wo die anderen abstiegen, da stieg auch er mit ihnen ab. Wenn sie aber wieder aufsaßen, blieb er immer stehen, bis alle anderen wieder im Sattel saßen. Dann saß auch er auf und ritt mit ihnen fort. Einer fragte ihn, warum er das so mache. Dem antwortete er, er tue das, weil er sein Ross von den anderen nicht unterscheiden könne. Deshalb fürchte er, dass er womöglich auf dem Pferd eines anderen sitze. Wenn sie aber alle aufgesessen seien, so wisse er, dass das übrig gebliebene Pferd seines sei. He he he hem.

Einmal ritten sie durch ein Dorf, da warfen die bösen Buben auf der Gasse mit Steinen, und einer traf den Lalenreiter hinten am Kopf. Der, nicht unbehänd, steigt von seinem Ross ab und bittet einen anderen, mit ihm das Pferd zu tauschen. Dies geschah. Nachher fragte ihn der andere, warum er ihre Pferde habe wechseln wollen. Da sagte er ihm: Als er durch das Dorf geritten sei, habe sein Pferd angefangen auszuschlagen und habe ihn von hinten am Kopf getroffen. Darum wollte er auf ihm nicht mehr reiten. Aber er hatte den Buben nicht gesehen, der ihn beworfen hatte. Deshalb meinte er, das Pferd, auf dem er gesessen hatte, habe ihn hinter die Ohren geschlagen. Ein Esel hätt's vielleicht getan gehabt.

41. KAPITEL

Eine merkwürdige Geschichte,
die sich in Laleburg mit einem Krebs zugetragen hat.

Ein armer, unschuldiger Krebs hatte sich einmal verirrt, und als er meinte, er würde in sein Loch kriechen, da kam er zu allem Unglück nach Laleburg in das Dorf. Als einige Lalen ihn gesehen hatten – dass er so viele Füße hatte, mit denen er vorwärts und rückwärts gehen konnte, und was dergleichen Tugenden mehr ein ehrlicher, redlicher Krebs an sich hat –, erschraken sie über alle Maßen, denn sie hatten noch nie einen Krebs gesehen, läuteten deswegen Sturm und kamen alle bei dem rätselhaften Tier zusammen und zerbrachen sich die Köpfe, was es wohl sein könnte. Niemand wusste es, bis schließlich der Schultheiß sagte, es müsse wohl ein Schneider sein, denn er habe ja zwei Scheren bei sich. Um das zu erkunden, setzten ihn die Bauern auf ein Stück Londoner Tuch, aus dem die Bauern ihre Umhänge machen lassen, und wo nun der Krebs auf dem Tuch herumkroch, da schnitt ihm einer mit der Schere hinterher. Sie glaubten nämlich, der Krebs als ein rechtschaffener Meisterschneider entwerfe das Muster für ein neues Kleid, das sie, wie es unsere Lalen auch tun, nachahmen wollten. Zuletzt aber hatten sie das ganze Tuch zerschnitten, so dass es zu nichts mehr nutze war.

Als sie nun erkannten, dass sie sich getäuscht hatten, trat einer von ihnen vor und sagte, er habe einen sehr erfahrenen Sohn. Der sei in drei Tagen zwei Meilen in die Weite und die Breite gewandert und habe dabei viel gesehen und erfahren. Er, der Vater, zweifele nicht daran, dass sein Sohn mehr solcher Tiere gesehen habe und wohl auch wisse, was es sei. Also wurde der Sohn gerufen. Der besah das Tier lange, von hinten und von vorn, wusste aber nicht, wo er es anfassen sollte und wo es den Kopf habe. Denn wenn der Krebs rückwärts kroch, meinte er, der Krebs habe den Kopf bei seinem Schwanz. Er wusste also nicht, was es mit ihm auf sich hatte. Aber zuletzt sagte er doch etwas: »Nun habe ich tagein, tagaus viel Wundersames gesehen, doch so etwas ist mir noch nicht begegnet. Wenn ich nun aber sagen sollte, was das für ein Tier ist, so würde ich nach meinem hohen Verstand erklären: Wenn es keine Taube ist oder ein Storch, dann ist es gewisslich ein Hirsch – eines von diesen muss es sein.«

Nun waren die Lalen genauso schlau wie vorher, und als einer den Krebs anfassen wollte, erwischte dieser ihn mit seiner Schere dermaßen, dass er anfing um Hilfe zu rufen und zu schreien: »Er ist ein Mörder, ein Mörder!« Als das die anderen sahen, hatten sie schon genug: besetzten daher sogleich und ohne Verzug von Stund an auf der Stelle eilends und genau dort, wo der Bauer gebissen worden war, das Gericht und ließen ein Urteil über den Krebs ergehen. Das lautete ungefähr so: Da niemand wisse, was dieses für ein Tier sei, sich aber herausgestellt habe – indem es sie betrogen und sich für einen Schneider ausgegeben habe und doch keiner sei – dass es ein die Leute betrügendes und schädliches Tier sei, ja, ein Mörder. So bestimmen sie, dass es als Leutebetrüger und Mörder gerichtet werden soll – mit dem Wasser und was dazugehört.

Einem unter ihnen wurde befohlen, das Urteil zu vollstrecken. Dieser nahm nun den Krebs auf ein Brett und trug ihn dem Wasser zu – die ganze Gemeinde hinterdrein. Da wurde er denn im Beisein und unter den Blicken aller Leute hineingeworfen. Als aber der Krebs in das Wasser kam und sich wieder wohlfühlte, da zappelte er und kroch rückwärts davon. Das sahen die Bauern, von denen einige in Tränen ausbrachen und sagten: »Da sollte man wohl fromm sein – seht doch, wie der Tod so wehtut!«

42. KAPITEL

Wie die Lalen ihrem Kaiser Kriegsvolk schicken und wie es einem ihrer Soldaten erging.

Das Gerücht von dem Krieg, dessentwegen die Lalen, wie oben gehört, ihre Glocke in den tiefen See versenkt hatten, war nicht so nichtig, dass sie es nicht auch selbst zu spüren bekommen hätten. Denn innerhalb weniger Tage erreichte sie ein Befehl, mehrere Knechte zur Besatzung in die Stadt zu schicken – was sie denn auch taten.

Einem dieser Lalen – und nicht dem geringsten – begegnete, als er in die Stadt gelangte, der Kuhhirt, der seine Untertanen – Kühe, Kälber und Ochsen – eben hinaustreiben wollte. Und als sich der Lale nicht anders spreizte und breitmachte wie drei Eier in einer Kiepe oder Krätze, da berührte ihn eine Kuh mit ihrem Horn nur ein wenig. Dies erzürnte den erwähnten Lalen aber so sehr, dass er seinen Dolch zückte, seine Fuchtel* in die Hand nahm, sich gegen die Kuh stellte und sprach: »Wenn du eine ehrliche und redliche Kuh bist, so stoße mich noch einmal.« Aber die Kuh war nicht so ehrlich und redlich, dass sie auch nur einen Laut von sich gegeben hätte.

Einmal machten sie einen Ausfall aus der Stadt, um die Feinde zu jagen und die Hühner und Gänse der Bauern zu erbeuten. Nun hatte der erwähnte Lale kurz zuvor eine Panzerplatte, so breit wie eine Hand, gefunden. Und da er sich gerade neu einkleiden ließ, hatte er dem Schneider befohlen, diese Platte unter das Futter seines Wamses, vor das Herz, zu setzen und dort zu vernähen, damit er desto sicherer wäre und einen kräftigen Stoß wohl aushalten könnte. Wenig später hat er dann noch einen glücklichen Fund gemacht – ein halbes Rosseisen, das er sich unter den Gürtel steckte, um Schüsse abzufangen, die ihn sonst das Leben gekostet hätten. Später behängte er sich dann unterhalb des Gürtels mit lauter Rosseisen und verwendete diese an Stelle eines Harnischs.

Als nun dieser Lale mit hinauslief, um Beute zu machen, und dabei sah, dass die Bauern kamen und ihn jagten – da wollte er über einen Zaun springen, blieb aber mit den Hosen an einem Zaunpfahl hängen. Da stach nun einer der Bauern mit einer Hellebarde nach ihm, so dass er vollends hinüberfiel und davonlief, ohne dass ihm etwas geschah. Darüber wunderte er sich sehr, beschaute seine Hosen, um zu sehen, was ihn vor dem Stich geschützt hatte, und stellte fest, dass der Schneider ihm die Panzerplatte vor den Arsch gesetzt und in das Futter vernäht hatte. »Ei, nun danke Gott«, sprach er, »diesem Schneider, der mir dies Kleid gemacht hat. Wie konnte er wissen, besser als ich selbst, wo genau bei mir das Herz liegt.«

43. KAPITEL

Wie ein Lale seinen Sohn in die Schule führte und wie es dort dann weiterging.

Da man die Jugend keineswegs versäumen, sondern sie rechtzeitig wie einen jungen Baum biegen und lehren soll, so wollte auch ein namhafter Lale seinen Sohn dessen Jugend gut anlegen lassen. Deshalb nahm er ihn mit sich, nahm ihn bei der Hand, führte ihn in die Stadt und kaufte ihm als Erstes ein Paar Schuhe, für die er achtzehn Batzen gab. Als er ihn dann zum Schulmeister brachte, um ihn zu empfehlen, fragte dieser unter anderem, ob er noch nichts könne. »Nein«, sagte der Vater. – »Wie alt ist er?«, fragte der Schulmeister. – »Erst dreißig Jahre alt«, sagte der Lale. – »So alt und noch nichts gelernt?«, fragte der Schulmeister. – »Zum Teufel!«, sagte der Vater, »was soll denn einer in dreißig Jahren lernen. Ich bin jetzt fünfundsechzig und einen Tag alt und kann dennoch nichts, was einen Dreck wert ist.« – »Wenn er noch etwas lernen soll«, sagte der Schulmeister, »also, das wird schwierig.«

Inzwischen war die Tür zur Schulstube aufgegangen, und der Lale hatte zufällig gesehen, wie der Provisor einen Knaben mit Ruten schlug, da sagte er: »Dieser mein Sohn darf eben nicht so gar gelehrt und geschickt werden, denn wir sind keine vornehme Familie. Wenn er nur ein solcher Schwinger (er meinte den Provisor) werden mag, so hat er schon genug, als ob er vollgeschissen wäre.« – »Wir wollen unser Bestes mit ihm tun«, sagte der Schulmeister und hieß hiermit das dreißigjährige Hänslein hineingehen. »Ja«, sagte der Vater Lale, »Ihr müsst es kurz mit ihm machen – für mein gutes Geld. Denn ich wollte ihn gern wieder mit mir heimnehmen. Ich will nur zum Hufschmied und beschlagen lassen, und dann will ich ihn wieder holen und Euch Euer gutes Geld geben.« – »So nimm ihn nur jetzt schon wieder mit«, sagte der Schulmeister, »denn in so kurzer Zeit könnte ich nichts bei ihm ausrichten.« Also nahm der Lale sein Söhnchen an die Hand und führte es wieder heim zur Mutter.

44. KAPITEL

Wie die Lalen einen Maushund und damit ihr endgültiges Verderben kaufen.

Nun hatten die Lalen zu Laleburg keine Katzen, wohl aber so viel Mäuse, dass bei ihnen auch im Brotkorb nichts sicher war. Was sie nur neben sich legten, das wurde ihnen weggefressen oder zernagt, so dass sie bald sehr ängstlich wurden. Eines Tages geschah es, dass ein Wandersmann durch ihr Dorf zog. Der trug eine Katze auf dem Arm und kehrte bei dem Wirt ein. Der Wirt fragte ihn, was denn das für ein Tier sei. Der Wandersmann sagte, das sei ein Mäusehund. Nun waren die Mäuse in Laleburg so zutraulich und zahm, dass sie auch vor den Leuten nicht mehr flohen. Ohne Scheu liefen sie selbst bei Tag hin und her. Darum ließ der Wandersmann die Katze laufen, und sie erlegte alsbald im Beisein des Wirts gar viele von den Mäusen.

Nachdem der Gemeinde durch den Wirt hiervon berichtet worden war, fragten die Lalen den Mann, ob der Maushund verkäuflich sei. Sie würden ihm einen guten Preis für ihn zahlen. Er antwortete, eigentlich wolle er ihn nicht verkaufen – weil sie ihn aber so dringend bräuchten, wolle er ihnen den Maushund überlassen, wenn sie ihm dafür einen angemessenen Preis zahlen würden. Er verlangte hundert Gulden.

Die Bauern waren froh, dass er nicht mehr gefordert hatte, und wurden mit ihm handelseinig. Die Hälfte würden sie ihm bar bezahlen, und das übrige Geld solle er sich in einem halben Jahr holen kommen. So einigten sich beide Teile auf den Kauf, und der Mann bekam das halbe Geld und trug ihnen den Maushund in ihre Burg, wo sie ihr Getreide liegen hatten und wo deshalb auch die meisten Mäuse waren. Der Wanderer machte sich mit dem Geld eilends davon, denn er befürchtete, die Lalen könnten ihren Kauf bald bereuen und das Geld von ihm zurückfordern. So blickte er im Gehen noch oft hinter sich, ob ihm nicht jemand nacheile.

Nun hatten die Bauern vergessen zu fragen, was der Maushund denn eigentlich esse. Darum schickten sie dem Wandersmann in Eile jemanden nach, der ihn danach fragen sollte. Als nun der mit dem Geld sah, dass ihm jemand nacheilte, lief er noch schneller, so dass ihn der Bauer nicht einholen konnte. Stattdessen blieb der Bauer stehen und rief dem anderen von fern zu: »Was isst er denn? Was isst er?« Jener antwortete: »Was man ihm geit. Was man ihm geit.« Der Bauer aber hatte verstanden: »Vieh und Leut, Vieh und Leut« – kehrte deswegen in großem Unmut wieder heim und teilte dies seinen gnädigen Herren mit, die darüber sehr erschraken und sagten: »Wenn er keine Mäuse mehr zu fressen hat, so wird er nachher unser Vieh fressen und zuletzt uns selbst, obwohl wir ihn uns mit unserem guten Geld gekauft haben.« Sie berieten deshalb, ob sie die

Katze töten sollten. Aber keiner wollte sie angreifen. So kamen sie zu dem Entschluss, sie im Schloss mit Feuer zu verbrennen, denn besser ein geringerer Schaden, als dass sie alle um Leib und Leben kämen. Also zündeten sie das Schloss an.

Da aber die Katze das Feuer roch, sprang sie zu einem Fenster hinaus und floh in eines Lalen Haus. Das Schloss aber brannte bis auf die Grundmauern nieder.

Niemand war je ängstlicher gewesen als die Lalen, die den Maushund nicht loswurden. Deswegen berieten sie noch einmal, kauften auch das Haus, in dem die Katze war, und zündeten es ebenfalls an. Aber die Katze entsprang auf das Dach, saß da eine Weile und putzte sich, wie es Katzen zu tun pflegen – mit der Pfote über den Kopf. Die Bauern glaubten, die Katze habe eine Pfote erhoben und einen Eid geschworen, dass sie dieses alles nicht ungerächt lassen wollte. Da versuchte nun einer mit einem langen Spieß nach der Katze zu stechen. Die aber ergriff den

Spieß und fing an, daran herabzuklettern, worüber die Lalen und die ganze Gemeinde erschraken, wegliefen und das Feuer brennen ließen. Und weil sich niemand gegen das Feuer gewehrt und es auch nicht gelöscht hatte, verbrannte das ganze Dorf bis auf ein Haus – und die Katze kam dennoch davon. Die Bauern aber waren mit Frau und Kindern in den Wald geflohen. Damals verbrannte auch ihre Kanzlei – so dass von ihren Geschichten keine ordentlichen Aufzeichnungen mehr zu finden sind.

45. KAPITEL

Wie die Lalen darüber berieten,
andere Wohnstätten zu suchen,
und wie dann alle wegzogen.

Die Lalen waren ängstlich, wussten nicht, was nun am besten zu tun wäre. Ihre Häuser waren mit ihrem Hab und Gut verbrannt: so mussten sie sich vor dem leidigen Rurrentz* in Acht nehmen, der einen Eid geschworen habe, sich an ihnen zu rächen. Deswegen suchten sie Rat und fanden nichts Besseres, als sich andere Behausungen zu suchen, wo sie vor dem Maushund in Sicherheit wären. So verließen sie denn ihr neu gewähltes Vaterland und trennten sich voneinander – der eine mit Frau und Kindern hierhin, der andere dorthinaus. Sie ließen sich an vielen

Orten nieder und pflanzten so ihre Zucht weit und breit aus.

Es erging den Lalen damals, wie man von einer Stadt zu sagen pflegt: darinnen sei das Hurenhaus verbrannt, aber die Funken seien in alle Häuser gestoben. Wo sie sich niederließen, da zeugten sie solche Narren, wie sie selbst waren. Deshalb sagt man heutzutage von so vielen närrischen Bauern, welche hier und dort wohnen und viele seltsame Possen reißen, dass sie alle entweder von diesen Lalen abstammen oder aber solche närrischen Possen von denen gelernt und geerbt haben, die sich bei ihnen als Hausbesitzer niedergelassen haben.

Dabei kann man nun klar und deutlich sehen, wie Narrheit und Torheit erblich sind und wie einer, sobald er sich ihnen zuwendet, darüber zum Lalen wird und sich dabei genauso besudelt, als hätte er Kot angerührt. Was denn jedem zur Warnung dienen soll, damit er weiß, wie er sich davor – wie vor einem lachenden Gift – hüten kann.

Wem Gott gibt, dass er ist klug und weis,
Weis und klug zu bleiben, sich befleiß.
Wer selbst sich tut zum Narren machen,
Desselben soll man billig lachen.
Wart, bis das Alter kommt mit Fug,
Du wirst alsdann noch Kinds genug.

So sind der Name und der Stamm der Lalen zu Laleburg hiermit abgetreten und erloschen. Doch ihre

Torheit und Narrheit (welche das Beste an ihnen war) ist übrig geblieben, und vielleicht ist mir und dir ein gutes Stück davon zuteilgeworden. Wer weiß denn, ob's nicht wahr ist?

Ende der Historien von den Lalen zu Laleburg

Neue Zeitungen aus der ganzen Welt

Allen Wunderwitzigen, die
nur nach Neuen Zeitungen Hunger
und Verlangen tragen, zu Lieb
in diese Form gebracht:
Und
Nicht ohne sonderbare Ursachen
dem Lalebuch angehängt

An den geneigten Leser

Man drucket sonst der Zeitung* viel,
Täglich ohn alles Maß und Ziel:
Dieselben werden ausgestreut
unter das Volk gar weit und breit.
Das glaubet alles und ahnt nicht,
dass solches oft ist nur erdicht:
Wie aber sich's nicht selten findt,
wenn man die Sachen recht ergründt.
Denn meistens sind sie ganz erlogen
oder viel Falsches wird hinzugezogen.
Unwahr's, zu wenig und zu viel,
findt der, wer Zeitung haben will.
»Unmöglich«, spricht ein braver Mann,
»ist, dass man dies erdenken kann.
Wär's nicht der Wahrheit nah genug,
es wär nie kommen in den Druck:
Es sind doch feine, brave Leut,
die uns das haben g'saget heut,
drum muss es ja die Wahrheit sein.«
Verzeiht mir, gute Freunde mein.
Wisst ihr denn nicht, dass heutzutag
Gold und Geld alles vermag?
Gold und Geld kann zuwege bringen
alles, nach dem man nur tut ringen.
Hat nicht der Geldgeiz jetzt gemacht,
dass man der Wahrheit wenig acht?
Ich mein wohl ja. Ein Zeitung klein
trägt immer gute Pfenning ein.

Zudem so will die Welt jetztund
betrogen sein zu aller Stund.
Da findt man nun Gesellen gschwind,
die ihnen da behilflich sind,
und lassen sie auf Falschem wohnen,
weil sie nicht selbst begehrt davon.
Meinst nicht, dass auch eim braven Mann
Ein Lug vergeben werden kann?
  Doch ist's nit alls, es tun's nit alle.
Mancher findt an der Wahrheit G'fallen.
Demselben ist es herzlich leid,
dass mancher dadurch wird verschreit,
und seiner Ehr'n halber leidet G'fahr
durch solche Zeitung, die nicht wahr.
Daher es denn oft besser wär,
dass solches nie wär kommen her.
So bliebe vermieden Neid und Hass,
der oft dadurch entstanden was,
dass eine ganze Nation
schuldlos fiel in Spott und Hohn.
Welches dann nimmer Gutes bringt,
sondern nach Bösem allzeit dringt.
  Solch's angesehen, glaube ich,
dass mancher daran stoße sich
und seine Zeitung für sich spar,
damit man's ihm nicht mach unwahr.
Da kommt es her, wenn einer fragt
Nach neuer Zeitung, dass man sagt,
man wisse nichts – und all das schafft*,
dass man sie gern der Lügen strafft.

Nun aber steht der Welte Sinn
allzeit nach Neuer Zeitung hin –
ob sie nun wahr ist oder nicht,
so will sie davon doch Bericht.
Es koste wenig oder viel,
Erfahren ist ihr bestes Spiel.
Ein solcher ist auch der gewest,
von dem ihr diese Zeitung lest:
Wie es demselben gangen ist,
das wird erfahren, wer es liest.

Die hab ich dir, o Leser fromm,
weil ich aus fremden Landen komm,
mit mir gebracht – die lies nur frei
und urteil, ob's nicht Zeitung sei.
Ich hab es zwar gesehen nicht,
glaubwürd'ge Leut hand mich's bericht:
Lügen sie, so sage ich die Mär.
Und dass ich wahr sag ungefähr,
das glaub ich wahrlich selber nit.
Darum ich einen jeden bitt,
er wöll dies nehmen an zu gut,
daran erlaben seinen Mut.
Ist es nicht wahr, so ist es doch
lieblich zu hören immer noch.
Ein schändlich und unzüchtig Wort
darinnen gar nicht wird gehort.
Sein Ehr schneidt es auch ab gar keim.
Drum kauf's und trag es mit dir heim.
Dein Geld dich nicht gereuen soll,
des will ich dich versichern wohl.

Neue Zeitung aus der ganzen Welt

Oft geschieht es, wenn man wandern will,
so tun sich der Gesellen viel
zusammen in einer G'sellschaft gut
und reisen dann mit gutem Mut.
Viel Abenteuer geht ihn' z'Handen
in diesen oder jenen Landen.
Der sieht dies, ein anderer das,
wer's besser kann, der kommt zu was.
So ging es diesen G'sellen all.
Da war ihrer nun ein ziemliche Zahl.
Jung war'n die, von Leib nit schwach,
hatten erregt kein Ungemach,
bisher in d'Welt nie kommen aus,
denn allzeit waren sie Zuhaus.
Dieselben nahmen sich jetzt für,
hinauszugehen durch Mutters Tür,
und in die Fremde sich zu wagen,
damit sie auch was könnten sagen
von Sachen, die sie hätten g'sehen,
was hier und dorten wär geschehen.
Worauf ein Mann, der nichts erfahren
in seinen jungen, besten Jahren,
soll machen deshalb sich gefasst?
Daheim zurück lässt keiner was.
Sie glaubten von allen diesen Dingen,
sie seien nötig, ihre Reise zu vollbringen,

und ziehn davon mit frischem Mut,
gedenken: es wird werden gut.
Nun machten sie so manche Reis,
die Zeit begann zu werden heiß.
Sie zogen durch Dörfer und durch Städt',
und keiner je gezaget hätt'.
An Freud und Mut es ihnen nicht gebrach,
die Gesellschaft hatte gute Sach.
Ließen alls Trauern fahren hin,
nach Fröhlichkeit stand ihn' der Sinn.
Als dann die Sonne auf sie sticht,
da wollten sie's erleiden nicht,
legten sich nieder in den Schatt,
wo's sie dann sehr gedürstet hat.
Des Wassers war da wohl genug,
sie dachten: es hat nicht gut Fug,
Wasser zu trinken in der Hitz,
wer mehr trinkt, der mehr schwitzt.
Kehrten daher ins Wirtshaus ein:
»Herr Wirt! Nun gib uns kühlen Wein,
damit wir löschen unsern Durst.
Frisch auf und fröhlich, liebe Burst.*
Heut hier, vielleicht anderswo bald,
wer weiß, wer unsere Schulden zahlt?«
Der Wirte tat nach ihr'm Begehren,
gedacht, er wollt sie tapfer scheren,
und setzet alles auf den Tisch:
Brot, Wein, Fleisch, Vögel und gut Fisch.
Da ward kein Mangel nicht gespürt,
er machet ihnen eine gute Ürt.*

»Herr Wirt! Wir haben gessen z'Nacht,
die Zech wird wohl erst morgen g'macht
zur Morgensupp; mit leerem Bauch
zu wandern ist nicht unser Brauch.«
Er legt sie in die besten Bett,
die er im ganzen Wirtshaus hätt';
da schliefen's denn die ganze Nacht,
bis dass sie wiederum erwacht.
»Auf! Auf! Wir schlafen viel zu lang,
dass man sich rüst und fortegang
in dieser morgens kühlen Zeit,
nach Mittag gehn wir nicht mehr weit.«
Das Frühstück hat der Wirt gericht,
das stund bereit schon auf dem Tisch.
Daneben ander mehr Geschleck
mit einem frischen Butterweck.
Da zechten sie ein gut Geloch.*
Keiner konnt da wissen noch,
wie übel stünden ihre Sachen,
heißen deshalb die Ürten machen.*
Der Wirt war ein geschwinder Mann,
der Kreid in seine Hand bald nahm,
dieselbe, wie's dann pflegt zu gehn,
für einen Strich recht kreidet zween.
Er macht ein x wohl für ein u,
damit kam er der Rechnung zu.
Die machte eine gute Summ,
sie aber gaben nichts darum.
»Lang her noch ein Maß oder vier!
die trinken wir, dann gehn wir schier.«

Das g'schah, der Wirt willfahret ihn'
und denkt: »Es ist doch dein Gewinn.«
Erst hebt sich an der Betteltanz*;
da die Zech war vollführet* ganz,
und als man nunmehr zahlen sollt,
herfür mit Geld ihrn keiner wollt.
Jetzunder erst bemerken sie,
dass ihn geschehen wäre, wie
man oft sagt: Wer wandern will,
derselbig hat zu rüsten viel,
und wenn er sich hat lang gerüst',
zuletzt er doch das Best vergisst.
Also erging's auch diesen G'sellen.
Dieselben, als sie wandern wöllen,
lassen zu Hause all ihr Geld,
worauf jeder tief in Trauer fällt.
Das muss man gesehen han,
wie sie sich fingen stellen an:
Einer sich sehr übel gehub*,
der andre in seiner Tasche grub
nach Hellern, aber da war keiner nit,
der nächste seine Hos besieht,
ob etwas drin verborgen wär?
Aber kein Klingklang drang daher.
Der eine saß da wie ein Stock,
der andre schwieg so wie ein Block.
Diese kratzen sich hintern Köpfen,
Jene schwitzen, dass sie tröpfeln;
Die Blicke gehen hin und her.
»Ach, dies Ungemach ist schwer,

und folgt so unverzüglich auf die Freud!«
In summa – da war nichts als Leid.
Was wollten sie da haben g'tan?
Das Gelde war daheim gelan!
Der Wirt schaut zu und schweiget still,
er sieht, dass nichts sich zeigen will,
und merket, dass sie's stunden wollen.
Da hättet ihr ihn hören sollen,
wie er mit ihnen da umging,
wie er zu reden ane fing,
wie sie erschraken über d'Moaß
und der Angstschweiß sie begoss!
»Ihr habt getrunken, liebe Gäste,
und gegessen auf das Allerbeste.
Was euer Herz nur hat begehrt,
das habe ich euch gern gewährt.
Nun ist es hier bei mir der Brauch:
Wer isst und trinkt, der zahlet auch.
Deshalb herfür nun mit dem Geld,
wenn ihr mit Lieb von hinnen wöllt!«
Einer zu reden ane fing:
»Herr Wirt! Ich sag Euch, wie es ging.
Als wir von Heimat zogen aus,
aus unserer lieben Eltern Haus,
da meinten wir, genommen z'han
alles, was nötig ist auf dieser Bahn.
Da haben wir einen Säckel g'macht,
all unser Geld darein gebracht,
bis auf ein Wenig, welches wir
bisher verzehret in der Irr.

Den Säckel wir vergessen hand
daheim in unserm Vaterland.
Wie dann oft pflegt zu g'schehen,
wenn man will über Felder gehen.
Hin und her man zu laufen hat,
verzieht sich lang, eh man genaht,
eh man sich rüst, eh man sich lass
beschau'n von jeder auf der Gass.
Wenn einer löffelt* sonderlich,
da scheidet's schwerlich sich.
Also, weil ich doch sagen muss
die Wahrheit (mir zu einer Buß),
geschah's mir auch. Der Säckel war
vertrauet mir von dieser Schar,
denn sie verspürten wohl an mir,
dass ich zum Geld hatt' groß Begier,
auch nichts vergebens geb hinweg,
darum sie mir das Geld aufglegt,
gedenkend, weil ich sonst so karg*,
ich würd es nicht versorgen arg,
was denn auch gewisslich g'schehen wär,
wär nicht dies Unglück kommen her.
Nun aber hat ich einen Bulen,
bei dem ging ich zur Löffelschuln.
Nachdem ich andern gsaget ab,
dieser ich mich ergeben hab;
die dünkt mich schön, sie dünkt mich fein,
dachte: sie muss dein und du der ihre sein;
ist sie gwest einem andern gut,
erfreut sie dir auch deinen Mut.

Ihr Schuh war'n wie der Schnee so weiß
und sonst geziert mit allem Fleiß.
Was sag ich viel? Mehr kann ich nicht,
wann ich dran denk, mein Herz zerbricht.
Wie ich von dannen scheiden sollt,
da ich das Elend bauen* wollt
(scheiden ist bittrer als der Tod,
behüt dich Gott vor solcher Not!),
gedenk, was hatt' ich da für Leid?
Ich hatt' gar kein Empfindlichkeit.
Meiner Sinne, glaub ich, war ich b'raubt;
wer's hat erfahren, derselb es glaubt.
Die Straße lauf ich auf und ab,
bis dass Gelegenheit sich gab,
dass ich ins Haus zu ihren kam
und freundlich Urlaub von ihr nahm,
nicht ohne Leid, da sie mir drat*
eine schöne Letze* geben hat:
›Dies behalt von meinetwegen lang,
wolle Gott, dass es dir gut ergang!‹
›Dank hab! Gut Nacht!‹ Dies war die Nacht,
die mich aus Freud ins Trauern bracht.
Am Morgen, als ich reisen wollt,
erfuhr ich, dass sie kommen sollt
des Morgens früh an einen Ort,
da man sonst höret Gottes Wort.
Ich in der Unempfindlichkeit
wollte brauchen diese Glegenheit.«

»Ei«, sprach im Unmut dieser Wirt,
»hiemit zahlt man mir nicht die Ürt.

Geld her! Was geht mich's an? Geld her!
Wanns noch so übel gangen wär:
den Wein, den gestern ich euch gab,
mit Schwätzen ich nicht bekommen hab.
Die Speise man mir auch nicht schenkt,
dabei mein Arbeit auch bedenkt!«
»Ich bitt, Herr Wirt!«, der wieder sprach,
»höret zu unserem Ungemach.
Von mir kommt dieses alles her.
Ihr keiner dahin geraten wär,
wär ich nicht gewest, drum höret mich,
wie ich Euch meiner Sach' bericht.
Des Morgens ich mich früh aufmacht,
der Zeit nahm ich ganz fleißig Acht,
verfügte mich an Ort und End,
wo sie ihr' Augen zu mir wendt,
was mich dermaßen hat verwirrt,
dass ich niemandn valediciert*,
und leg mit Schmerz Geschenke ab,
damit sie mir nichts zu verweisen hab,
als hätt ich ihre Gab geschändt,
und gib mich recht in dies Elend;
hab recht gedacht, wie man jetzt singt:
›Zeit andre Rosen wieder bringt‹,
und zieh davon. Gar nicht gedenk,
wie sich das Glück so seltsam lenk.
Wie ich's erfahr mit großer Gfahr.
Aus Freud in Leid und Traurigkeit,
da jetzund ich bin kommen aus
mit Schmerz und Leid von meinem Haus

und bsinne recht jetztunder mich:
den Säckel daheim ließe ich,
daher mich und mein' Gsellen gut
solch Notdurft überfallen tut.«
»Ist fein«, sprach der Wirt zorniglich,
»dass die Zech euch soll zahlen ich.
Was hab ich mit eurem Löffeln z'tun?
Ich will, dass ihr mich zahlet nun!
Ein Boten ich absenden will
zu euerm Bulen in der Still –
ihr zu berichten diese Sach,
und sie euch fei* vor Ungemach.«
»Ei, nein, Herr Wirt! Das tut mir nicht.
Denn dies mir Gnad und Gunst abbricht
bei ihr. Vielmehr so kehre ich
wieder heim ganz schnelliglich
und hol das Geld nach hie;
bis ich wiederkomme, warten die.«
»Wie wollt er so gern wiederkehrn!
Wie seh er seinen Buln so gern
und wollt dazwischen seine Gesellen
bei mir als Pfand und Bürgen stellen!
Ein fräßig Pfand! Hätt wohl sein Fug,
als wär man sonst nit schuldig gnug!
Wer weiß, wann er sich wieder stellt,
dazwischen hätt ich gern mein Geld.
Sieh jeder, dass er zu zahlen hab,
sonst zieh ich ihm die Kleider ab.«
»Ei, nicht, Herr Wirt! Wir machen's so:
ich will alleine bleiben do,

bis diese kommen mit dem Geld.
Ich weiß, dass dieses Euch gefällt.«
»Kein Liedlein singst du mir so schön,
dass ich euch lasse gratis gehn!
Wenn diese Gesellen wärn hinweg,
wie bald nähmst du dann auch den Steg,
und käm ich also um das Mein.
Geld her! Es muss bezahlet sein.
Wer trunken und gegessen wohl,
derselb auch billig zahlen soll.«
»Zieht Ihr uns unsre Kleider aus,
wie kämen wir da nackt nach Haus?
Einen wollt Ihr nicht ziehen lan,
und die anderen zum Pfande han.
Auch einen wollt Ihr nicht behalten
drum weiß ich nicht, wie Ihr wollt walten.
Wollt Ihr kommen aus diesen Sorgen,
so müsst Ihr uns die Zeche borgen.
Wir zahlen Euch ohn all Gfähr,
sobald uns Gott hilft wieder her,
das wolln wir Euch geloben an.
Ich hoffe, Ihr seid einverstan.«
»Ich hab gehöret meine Tag:
wer einem ein Zech nit borgen mag,
derselbig sei ein armer Wirt,
drum sei euch g'borget diese Ürt.
Verhoff, was ihr versprechet hie,
daran so werdt ihr fehlen nie.
Zieht hin und seid fürhin vermahnt,
wo ihr kommt in fremde Land,

dass ihr bei keinem Wirt kehrt ein,
ihr zahlt denn euer Geldelein
und seht, ob ihr zu zahlen habt,
sonst zieht man euch den Mantel ab.
Noch eins ich euch vergönnen will.
Ihr seid der Zahl nach ziemlich viel.
Ihr reiset wohl durch manche Stadt,
wo man viel neue Zeitung hat,
die hör ich also wunder gern;
wer meine Bitt mir kann gewährn,
demselben ich sein Ürten schenk,
vielleicht noch eine daran hänk.
Wer also nun bringt mir nach Haus
den größten Lug für andre aus
(denn Lügen jetzt die Zeitung'n sind,
die man in allen Ländern findt),
der hat sein Ürten schon bezahlt;
noch eine ich ihm vorbehalt.«

Wie froh doch waren die Gesellen.
Wie hätten's besser wünschen wöllen?
Mit Dank, mit Freud zogen's von dannen,
ein besser Herz hiernach bekamen.
Hatten sich gessen und trunken satt,
was keiner von ihn' g'zahlet hat.
Zogen das Land wohl auf und ab,
wohin – ich nie erfahren hab.
Wie sie gereist, wär hier zu lang,
weshalb ich solches übergang,
und habe dann erst weiterg'schrieben,
als sie das Jahr nicht ausgeblieben.

Noch g'bunden an den Narrenstrick
dachten's: Wir haben das Glück
erfahren genug; Zeit ist es nun,
dass wir wieder heimkehren tun
zu unsern Freunden und Eltern schon.
Wenn wir so lange wär'n davon,
so würd man uns nicht kennen mehr.
Wohlauf! Heim zu! nach meiner Lehr.
  Nun freu dich, holder Bule mein!
Der dich liebt kommt wieder heim.
Der dich mehr liebt als selbst sich,
eilt, dich zu sehen schnelliglich.
Tu auf dein Mund! Biet mir dein Hand!
Sprich: Willkommen aus fremdem Land!
Wie hab ich dich so lang nit g'sehen!
Und ich dich auch, wenn ich's soll jehen*.
Mich dünkt, es sei des Todes Straß,
auf der ich bisher gwesen was.
Freut euch, ihr Freund und Eltern mein!
Ich hoff, ich werd bald bei euch sein,
die ich so lang nicht gsehen hab;
von eurem Trauern lasset ab!
Freu sich der Wirt, wo wir gezecht,
der uns die Ürt geborget recht;
dein' Gäste kommen wieder schier*,
zu holen noch ein Ürt bei dir.
  Ein jeder machte sich gerüst
mit einem Lug*, wie gmeldet ist,
und traten in das Wirtshaus schlicht.
Nicht miteinander, versteh mich recht!

Je einer nach dem andern kam,
ein jeder seine Zeit wahrnahm.

Die erste Zeitung

Der Erste kam des Morgens früh:
»Ist jemand in dem Wirtshaus hie?
Ich ess das Frühstück also gern,
vor Ohnmacht kann ich's nicht entbehrn.
Ich bin g'laufen die lange Nacht,
vor Müdigkeit ich schier verschmacht.«
Der Wirt war ein gescheiter Mann,
wusst, mit den Gästen umzugan.
Empfing den Gast, fragt ihn: Woher
er käm? Was Neues denn geschehen wär?
»Da komm ich aus dem Lappenland,
aus einer Stadt – Buxa genannt.
Da hört ich, dass den ganzen Tag
die Glocken man zu läuten pflag.
Was solches sei? ich fragen ward.
Man sagt: Marie, die Gottesmutter zart,
die sei mit Tod geschieden ab.
Nichts Neues als nur dies ich hab.«
»Behüt uns Gott«, sprach da der Wirt,
in seinem Kopfe ganz verirrt.
»Sollt unsre liebe Muttergottes
gestorben sein des bittern Todes?
Das kann nicht sein. Ich glaub es nicht.
Man hat dich vielleicht falsch bericht'.«

Die zweite Zeitung

Indessen kam der Zweite auch,
grüßet den Wirt nach gutem Brauch,
begehrt von ihm das Morgenbrot,
denn solches tu ihm heftig not.
»Woher? Was Neues? Mein lieber Gast,
sag mir, was du für Zeitung hast!«
»Nach Kaltbrat im Schlauraffenland
war ich von meinen Freunden g'sandt.
Ich bring nichts Neues, außer dem,
dass ich am Himmel gelehnet sehn
ein Leiter lang, drauf aller Gestalt
viel Weiber jung und Kinder alt,
mit Ernst die stiegen auf und ab:
trugen, wie ich's gesehen hab,
Geld, Zuckererbsen und Lebkuchen,
die taten's bisweilen versuchen.
Was das bedeutet, weiß ich nicht.«
»Gotts Mutter ist tot«, der Wirt spricht.
»Bei ihrem Begräbnis hat ihr Sohn
den Armen die Spend gegeben schon,
wie mir der erste Gast gesagt:
Ach, wer wollt da nicht sein verzagt?
Wer wird von nun an für uns bitten,
da sie jetzt fehlt in unsrer Mitten?«

Die dritte Zeitung

Des Wirtes Klag der Dritt vernahm,
denn eben er getreten kam
ins Wirtes Haus. Die Morgensupp
ließ er ihm geben ohn Aufschub.
Der Wirt fragt ihn, was Neus er brächt,
dass er's ihm sage unverschmächt*.
Er sprach: »Von Wien ich komme her
und bring nicht sonders neue Mär,
nur dass der mächt'ge Strom, so breit,
die Donau, in gar kurzer Zeit
verbrennet ist auf einen Hauf
von Wien bis Regensburg hinauf.«
Da fing der Wirt zu pfeifen an,
dacht, dieser wird gewonnen han,
sprach: »Guter Freund, es mag wohl sein,
doch geht es meinem Kopf nicht ein.«

Die vierte Zeitung

Der Vierte diesem Glauben macht,
denn er gab darauf fleißig acht,
dass er alsbald hereine tret,
sobald der Dritt' hätt ausgeredt.
»Herr Wirt, Gott geb Euch einen Tag,
so gut ich immer wünschen mag!
Ich hab gefastet also lang,
vor Hunger und Durst ich schier vergang;

gebt mir, wovon ich werde satt!
Danach mein Herz Verlangen hat.«
»Das soll geschehn!«, der Wirt da sprach,
»ich bitt nur um ein klein Gemach*.
Das Essen ist schon bald bereit.
Inzwischen sagt mir doch Bescheid
von etwan einer Zeitung neu,
an der ich mich nicht wenig freu.«
»Nichts Sonders«, sagt derselbe Gast,
»denn ich mich drum nit kümmre fast.
Doch sag ich, was ich vor mir fand,
als ich kam aus Ungarland.
Da reist ich durch, erfuhr doch nicht,
was dort geschehen für ein Geschicht.
Der ganze Weg lag voller Fisch,
die warn gebraten, also frisch,
und währet solches etliche Meil,
ein Markt ohne Händler bot sie feil.
Was aber solches hab bedeut,
wollten mir sagen keine Leut,
weiß es auch nicht.« Der Wirt da sprach:
»Es ist also wahr die vorige Sach,
dass die Donau verbrennet sei,
darinnen die Fisch also frei
gebraten worden, wie solches vor dir
ein anderer Gast anzeiget mir.«

Die fünfte Zeitung

Auch der Fünft nun nähert sich,
will essen an des Wirtes Tisch.
Er wird befragt in gleicher Weis
nach Neuigkeit mit großem Fleiß.
Der sprach: »Bei Straßburg habe ich gesehen
eine Rübe auf dem Felde stehen,
die ist gewachsen also groß,
dass ich mit einem schnellen Ross
drei ganze Sommertage lang
nicht konnte tun ein Umgang.
So mächtig, groß und breit ist sie.«
»Das ist ein große Rüben, hui!«,
sprach da der Wirt. »Doch glaub du mir,
nur zu Gefallen glaub ich's dir.«

Die sechste Zeitung

Dazu dann gleich der Sechste kam,
bei diesem Wirt auch Herberg nahm,
welcher ihm dann entgegenging
und ihn mit Freundlichkeit empfing:
»Woher? Was Neues?« – »Nicht sehr viel.
Wollt rasch gelangen an mein Ziel,
und hab nach Zeitung nicht gefragt;
doch hört' ich, wie man hat gesagt
von einem Kessel also groß,
dass ich kaum sagen kann die Maß.

Da arbeiten dreihundert Schmiede
rings umher und zwölf in der Mitte,
einer vom andern also fern,
dass sie einander niemals hör'n.
Was man darinnen sieden will?
Weil ich's nit weiß, so schweig ich still.«
Da nahm der Wirt ein Töpfel klein und lacht:
»Was wollt man darin kochen sacht,
wenn nicht die große, mächt'ge Rub,
die man bei Straßburg ausher grub?
Nun setzet euch, ihr lieben Gäst,
ich trag euch auf das Allerbest.«

Die siebente Zeitung

Indes herein der Siebte trat,
den Wirt um Trank und Speise bat;
das sagte der ihm freundlich zu,
bat ihn, ein wenig nehmen Ruh,
und fragt auch diesen wie zuvor
die andern all. Der sprach: Fürwahr!
Ich bin gereiset kreuz und quer,
eh dass mein Weg mich führt' hierher.
Da konnt' ich sehen Wunderding,
die man nicht schätzen soll gering.
Unter anderm ich gesehen hab
einen Vogel, der 'nen Schatten gab
sitzend auf einem niedren Baum
(ich weiß wohl, ihr glaubt es kaum),

zu Mittag sieben Meilen lang.
Ich glaub, derlei findt man nur selten.«
Da sprach der Wirt: »Das lass ich gelten.«

Die achte Zeitung

Indes da nahet sich der Acht.
Er grüßt den Wirt und seine Gäst,
gegen die er sich nicht merken lässt,
empfinge drauf guten Bescheid,
die Herberg ward ihm zugeseit*.
Der Wirt jedoch konnt es nicht lan,
er musst auch diesen gfraget han:
Woher er komm und was er bring?
Der sagt ihm nun auch Wunderding.
»Herr Wirt, ich komm aus fernen Landen
wo ich viel Abenteuer hab bestanden;
unter anderm ich gesehen hab
ein Ei, das auf eim Kirchhof lag,
das war so wundersamlich groß,
dass es hinausging über alle Maß.
Viel Bauern sah ich auch dabei
mit Pickeln, Hacken allerlei.
Als man sich lang bemühet hätt,
das Ei zu bringen ab der Stätt
und aber solchs unmöglich war,
kamen's dahin mit ganzer Schar,
wollten sehn, was drinnen wär,
und schlugen drein mit Pickeln schwer.

Ich hatt mich auf einen Hügel g'macht
und nahm dies Treiben eben acht;
da sah ich, dass mit Arbeit hart
die Schal zuletzt durchschlagen ward.
Doch keiner hatte sich's versehen,
dass es so übel sollte gehen:
Das Ei fing an, zu laufen aus,
der Baurn wusst keiner, wo hinaus,
sie wurden da ersäufet all,
ihr Haus und Felder allzumal
vom selbigen Ei ganz überschwemmt
und so der Bauern Hochmut eingedämmt.
Ich war froh, dass der Hügel hoch
mich dieser großen Gfahr entzog.
Ich weiß, wär ich bei ihnen g'wesen,
so hätt auch ich nit können g'nesen.
Wo aber das Ei ist kommen her,
das weiß ich nicht.« Und so schwieg er.
»Ich weiß es aber«, sprach der Wirt,
»und auf dass Ihr Euch nicht dran irrt.
Ein Gast vor mir nach Hause kam,
von dem ich Wundermär vernahm,
von einem großen Vogel frei,
der legt' ohn Zweifel dieses Ei.«

Die neunte Zeitung

Indes nahet der Neunte sich.
Der Wirt empfing ihn gütiglich,
hieß ihm die Stiefel ziehen aus
und logiert ihn in dem Haus.
Der Gast hatt' einen Pelzrock an,
welches den Wirte wundernahm,
fragt ihn die Ursache, warum
zur Sommerszeit er Pelz hab um?
»Das soll, Herr Wirt, dich wundern nicht,
sobald ich dir die Sach bericht;
ich komm her aus Utopierland,
das nicht vielen ist bekannt.
Im selben ist es also kalt,
dass einem die Wörter g'frieren bald
im Luft, sobald man sie geredt;
daher der Pelz mir Note tät.
Sonst wär ich nicht davongekommen,
die Kält hätt mir das Leben gnommen.«

Die zehnte Zeitung

Der Zehente sich kurz besann,
kam alsobald nach diesem an.
Ihm ward geöffnet bald das Tor,
empfangen wie die anderen zuvor.
Vom Wirt um neue Zeitung gfragt,
erzählt er bald und kecklich sagt:

»Die Welt, die wandre ich auf und ab,
viel Wunderdinge ich gesehen hab.
Doch unter allen ist nur eins,
welches g'wiss übertriffet keins.
Ich kam in ein so schöne Stadt,
dergleichen es kaum eine zweite hat;
darinn spaziert' ich hin und her,
sieh doch nur – ohn all G'fähr.
Da fing bei mir was zu reden an.
Ich mich nicht gnug verwundern kann,
wo diese Stimme doch herkumm?
Schau zu, so hör ich um und um
ein überwundergroß Geschwätz,
welches mich schier hätt in Torheit g'setzt.
Ich schauet hin, her schauet ich,
mich wundert, dass niemand war um mich;
es war ein wundergroß Geschrei
von Weib, Mann, Jung, Alt mancherlei.
Ich dacht: an dem Ort bleib ich nicht.
Wer weiß, was bedeutet diese G'schicht?
Aus großer Furcht zog ich davon,
hab Fragen unterwegs verlorn,
kann auch noch jetzt nicht sagen frei,
was solches immer gewesen sei.«

Der Wirt sprach: »Ich dir's sagen soll?
Der Mann im Pelz erklärt mir's wohl.
Die Wörter, die ihm gefroren sind,
die tauen jetztund auf geschwind,
wenn sich der Sommer naht herzu,
und machen solche groß Unruh.
Weshalb du dich nicht wundern tu.«

»Woher?«, der Wirt recht anefing
zum Elften, welcher zu ihm ging.
»Da komm ich gelaufen also behänd
von dieser weiten Welte End.«
»Kommst du vom End der großen Welt,
so sag mir, wie ist's da bestellt?«
»Das kann ich euch mit Wahrheit sagen:
mit Brettern ist es unterschlagen.
Da liegen Sonn- und Mondenschein,
die von Anfang jemals gesin,
übereinander geworfen auf,
verschimmelt ganz auf einem Hauf.
An der Wand ich geklopfet hab,
mir aber niemand Antwort gab.
Daher ich dann kehrte wieder um,
bis dass ich allhier zu dir kumm.«
Der Wirt verwundert sich zu Stund,
sprach: »Ich vermeint, die Welt wär rund,
daran kein Anfang oder End.
So seh ich wohl, ich bin verblendt.
Es wird gewisslich noch sein wahr,
wie ich gemeint vor manchem Jahr,
dass der Himmel rund gewölbet sei,
wie ein Backofen also frei;
wär ich auf jenem Berge dort,
ich weiß, es ist am selben Ort.«

Die zwölfte Zeitung

Der Zwölfte kam hiermit herbei,
den fragt der Wirt, wer er denn sei?
Er sagt, er wär ein Wandersmann,
wollt gern für Geld zu essen han.
Der Wirt sagt ihme solches zu,
hieß ihn sitzen und pflegen der Ruh,
bis dass das Essen würd bereit,
dass man es auf den Tische treit*.
»Inzwischen sag mir, lieber Freund,
was im Land für Zeitungen seind?«
Der sprach: »Ich geh's Land ab und auf,
bis an der Welt End geht mein Lauf.
Von dannen ich jetzt kommen sein
und allhier bei dir kehret ein.«
Der Wirt gedacht in seinem Mut:
von diesen einer lügen tut.
Sie kommen beid vom End der Welt,
lass sehen, wie ihr Red sich hält.
»Bist von der Welt End kommen her,
so sag mir davon neue Mär;
wie steht es da? was hat's für ein G'stalt?
Sag her, wie dir solch Ort gefallt!«
Er aber antwortet sehr schnell:
»Herr Wirt, ich bin ein armer Gsell
und nähm gleichwohl nicht großes Geld,
dass ich wohnet am End der Welt.
Kein Sticken man da sehen kann,
man zünde denn ein Feuer an.

Man höret nichts, keine Gsellschaft da
zu finden, weder fern noch nah;
da geht kein Sonn, kein Mond nit auf,
Unglück liegt da auf einem Hauf.
Dass einer sang, das hört ich dort,
wusst aber nicht, an welchem Ort.
So kehrte ich denn wieder um,
in deinem Haus siehst du mich drum.«

Der Wirt wollt einem Unrecht geben,
besann sich aber doch noch eben
und sprach: »Du und der andre, alle beid,
haben mir geben rechten B'scheid
vom End der Welt. Du an ei'm Ort
bist gwesen und der andre dort,
und eben grad zu einer Zeit
seid ihr da gwesen alle beid.
Den du hörtest singen, war der Mann,
der mir zuerst dies kundgetan.
Derselbig war an einem Ort
und du an einem andern dort.
Dass es da finster gwesen ist,
wo du so fern gewesen bist,
lag daran, dass die Wand so dick
und Sonn' und Mondenschein erstick.
Durch sie dringt ja doch beides nicht,
so hat die andre Seit kein Licht.
Da nehmt ihr beide also wahr,
was ich tagtäglich auch erfahr.

Die dreizehnte Zeitung

Auf diesen der Dreizehnte kam,
dessen der Wirt auch bald vernahm;
ging ihm entgegen, empfinge ihn:
»Woher? Was Neues? Wohin dein Sinn?«
»Ich komm da aus der nächsten Stadt,
daselbst man einen enthauptet hat,
weil er den Schnee beim Ofen dörrt
und ihn hernach zu Markte führt,
denselbigen als Salz verkaupt,
drum ward ihm geschlagen ab sein Haupt.«
»Wer weiß, ob es wohl wahr sei?«, sprach
der Wirt, hub an und heftig lacht.
»Mein Gäst, die sagen Wunderding,
lass sehn, was der vierzehnte mir bring!«

Die vierzehnte Zeitung

»Willkommen, Landsknecht! Wo kommst her?
Ich mein, was bringst für neue Mär?
Solch Wunderding mir nie fürkam,
wie ich von diesen Gästn hier vernahm.«
»Ich bin ein Landsknecht unverzagt,
und haben diese wunders was gsagt,
so sag ich Wunder über Wunder;
aus'm Krieg bring ich ein ganzen Plunder.
Da han wir b'lagert eine Stadt.
Als ich einmal die Schildwacht hat,

hat es geregnet also sehr,
dass ich konnt bleiben nimmermehr.
Deshalb in ein Kartaunen kroch,
mein' Spieß mir hinterdreinen zog.
Da wollt ich Schildwacht gehalten haben,
wusst aber nicht, dass sie geladen
und zu allen Dingen hergericht.
Nun höret, was mir da geschicht!
Ich war entschlafen in der Büchs,
meiner drin achtete man nix.
Man zündete an, man schießt sie ab.
Was ich für Gefahr ausg'standen hab,
wer kann's sagen? Noch hat das Glück
solches zum besten mir geschickt.
Die Büchs war g'richtet gar zu hoch,
drum ich über die Stadt her flog,
sonst hätt ich niedergeschlagen alles,
was ich angetroffen dieses Falles.
Nieder fiel ich in einem Wald,
darinnen war's gar wunders kalt.
Damalen lag ein tiefer Schnee,
tat also mir der Fall nicht weh,
denn ich fein sanft hernieder saß,
und doch das Aufstehen nicht vergaß.
Nachdem ein Weil ich g'nommen Ruh,
wollt ich wieder dem Lager zu.
Ein grimmer Wolf ungwarnter Sachen*
ging auf mich los mit offnem Rachen.
Ich aber acht nicht die Gefahr,
mein Mannheit nicht erloschen war.

Mancher wär geflohen da hinweg,
ich aber trat herzu so keck
und streck mein Hand aus gegen ihn
und greif ihm in den Rachen hin,
den Leib hindurch zum hintern Teil.
So auf die Prob' stellt man sein Heil.
Ergreif ihn wohl bei seinem Schwanz,
dabei ich ihn umkehret ganz.
Dem Wolf wie einem Hasen da geschieht,
wenn man ihm seinen Balg abzieht;
entginge dieser Gfahr also.«
»Da bist du billig gwesen froh«,
sprach da der Wirt, »die Fenster auf!
dass mir mein Haus nit fall zuhauf.«

Die fünfzehnte Zeitung

Der Fünfzehnte trat ein hiermit,
der Wirt empfing ihn recht nach Sitt',
hieß freundlich ihn willkommen sein
und führt ihn in die Wirtschaft fein,
fragt ihn nach neuer Zeitung aus dem Land,
derselb gibt Antwort ihm zuhand:
»Manch Wunderding in dieser Welt
dem oder jenem in die Hände fällt.
Also geschah es billig mir.
Nach Wundern hatt' ich groß Begier,
weshalb ich dann der Länder viel
durchwandert hab in großer Eil.

Kam auch ins Land Armenien,
da hab ich einen Berg gesehen,
darauf, sagt man mir ungefähr,
dass noch die Arche Noah wär.
Dies Wunder ich nicht missen wollt,
auch wenn ich nachher sterben sollt.
Und also bald ohn alle Rast
macht ich mich aller Ding gefasst,
die nötig sind zu solcher Reis',
fing steigen an mit allem Fleiß.
Das währet manchen lieben Tag,
da ich vor Ohnmacht oft gelag.
Ein Weil ich freundlich Wetter hatt,
hernach es sich verkehren tat
in Frost und Kälte immer grimmer,
da dacht ich, weiter kommst du nimmer.
Drang doch mit G'walt durch Frost und Schnee,
bis dass ich kam in höchste Höh
in große Hitz; doch hatte mich
die Kält durchbissen meisterlich.
Die Hitz konnt mir nichts haben an,
den Berg ich überwunden han
und komm zu oberst auf die Spitz;
wo ich ein wenig niedersitz,
wollt um mich sehen, wo ich wär,
da seh ich gar nichts um mich her.
Der Berg, der war so hoch gericht',
die Welt verschwand vor mei'm Gesicht.
Da stand ich auf und reckte mich,
den Himmel konnt berühren ich.

Ich klopfte an, doch niemand hört.
Da dacht ich: der Ort ist verkehrt.
Hier lässt man niemand zum Himmel ein.
Ach, könnt ich doch wieder unten sein!
So kroch ich denn zwischen Berg
und dem Himmel durch, überzwerch*.
Mit großer Not, ich ward verletzt,
am Himmel riss ich ab viel Pletz*.
Ich stieg hinauf mit Mühe groß,
bekomm jetzt wieder solche Maß.
Durch Frost, Hitz, Schnee, Regen und Wind
ich endlich mich darnieder find
und allhier zu dir komme her.
Ich sag dir kein erdichte Mär,
die Pletze ich noch zeigen kann,
die ich da abgerissen han.«
Der Wirt hierzu begann zu sagen:
»Die möchtest du wohl abgelogen haben.«

Die sechzehnte Zeitung

Indem da kam der Letzt daher,
der Wirte dacht: Was sagt dann der?
Du musst ihn fragen. – »Guter Freund!
Viel Wunderzeitung kommen seind,
die mir all diese Gäst gesagt;
was du weißt, darum bist gefragt!«
»Herr Wirt, ich komm aus Indien,
wo ich dann Wunderding gesehen:

Von wilden Leuten ungestalt,
von wilden Tieren mannigfalt,
von andern Sachen mancherlei,
eines allein meld ich hierbei:
Es hat dort Immen* in aller Maß
daselbsten, wie die Schaf so groß.«
»Ei«, sagt der Wirt, »kann wahr dies sein?«
»Ei«, sprach der Gast, »ja, Wirte mein!«
»Wie groß ist denn das Immenhaus,
in das sie schlüpfen ein und aus?«
»Nicht größer wohl als hierzulande«,
derselbe Gast alsbald bekannte.
»Für wahr! Dein Red machst mir zu kraus.
Wie schlüpfen sie dann ein und aus?«
»Herr Wirt, um solche ihrer Sachen
tu ich mir nicht viel Kummer machen.
Was geht's mich an, wie sie heraus
oder 'nein schlüpfen in ihr Haus?
Ich sah sie kriechen aus und ein;
wie solches mag zugangen sein,
darum lass ich selber sorgen sie.
Ich habs gesehn und rede hie,
dass solches wahr und nicht erlogen;
wer's nicht glaubt, mag weiter fragen.«

Die siebzehnte Zeitung

Der Siebzehnte, so nicht mehr weit,
alsbald zum Wirt in d'Stuben schreit:
ob er ihm wölle Herberg geben
und Speise, dass er möge leben?
Der Wirt reicht ihm die Hand, nimm wahr!
Der Gast bot ihm die Linke dar;
solche der Wirt nicht nehmen wollt,
fragt, wie er das verstehen sollt.
»So hab ich, dass doch Gott erbarm!«,
sagt der Gast, »nur den linken Arm.«
»Wie ist's dir mit dem andern gangen?
Wo hast du solchen Schad empfangen?«
»Das sag ich euch, mein lieber Mann!
wenn ich's vor Wei Wei Weinen kann.
Als man die Nüss tät benglen ab,
ein solchen Wurf getan ich hab,
dass ich aus meinem Leib den Arm
hinweg warf, ach, dass Gott erbarm!
Ich wollt mit meiner Stärke prangen,
da ist mir's dann sehr schlecht ergangen.
Ein starker Wurf fürwahr das was.
Wer hat doch je gehöret das?«

Die achtzehnte Zeitung

Der Wirt dachte: »Potz Regiment!
Wann hand denn die Zeitungen ein End?«

Indem ersiehet er ungefähr*
noch einen kommen auf ei'm Pferd.«
»Herr Wirt, ich kehre bei Euch ein,
herbergt Ihr mich und's Pferdchen mein?«
»Sehr gerne, geh! Führ's in den Stall.
Unterdessen fertigt man das Mahl.«
Der Wirt in den Stall selbst mit ihm ging,
nach Zeitung zu fragen bald anfing.
Der Gsell sagt: »Zeitung weiß ich nicht,
nur von mei'm Pferd die Wundergeschicht.«
»Ei, was?« – »Im Lande Ungarn
tat's einmal mich sehr hungern,
ritt deshalb in eine Stadt hinein,
ob ich für Geld fänd Brot und Wein.
Nicht weiß ich, ob sie gewesen blind
oder mich hielten für einen Feind
oder wie's mag zugegangen sein,
dass sie nicht han geachtet mein.
Das Schutzgatter sie fallen ließen,
das hinter mir tät niederschießen.
Es schlug entzwei mein gutes Pferd,
als wär's geschehn mit einem Schwert.
Noch blieb es trotzdem also stark,
dass es mich trug bis auf den Markt;
als ich's daselbsten tummeln wollte,
und es nicht sprang, wie es doch sollte,
da sah ich's erst: dem armen Tier
das Heu hing aus dem Bauch herfür!
Daselbst erst fiel es mit mir nieder.
Dies Pferd gab dafür man mir wieder,

das hatt' auch Tugend groß an sich,
wie jetzund ich berichte dich.
Denn als einmal mit Ernst und Fleiß
ich setzen wollte über's Eis,
daselbig aber mit mir brach,
dass weder's Pferd noch mich man sach,
trabt es unter dem Eis dahin,
dass ich nie darvonkommen bin.
Drei Tag ist's mit mir fortgerannt,
bis ich zuletzt 'ne Lücke fand,
da sprengte mutig ich heraus
und komme zu dir in dein Haus.«

Der Wirt gedacht: Der Lug ist frisch!
Schwieg doch und führte ihn zu Tisch:
»Nun sitzt herbei, ihr lieben Gäst,
es ist gekocht aufs allerbest;
schaffet euch neuen Mut gar frisch
in meinem Haus an diesem Tisch;
ich trag euch Brot auf und gut Wein
und was noch dazu mag dienstlich sein.«
»Ach, Wirt! Was hast du dir dabei gedacht,
dass du die Gsellen nicht besser beacht?
Das ist die Bursch, so vor nem Jahr
die Zech dir schuldig blieben war,
die kehren jetzund wieder ein:
nicht, dass sie Zahler wollen sein
von dem, was sie vor einem Jahr verzehrt,
sondern damit solches werde abgewehrt,
haben sie gelogen alle sehr.

Ich wollt nicht, dass ich Richter wär!
Sie haben gewonnen all den Kranz.
Herr Wirt, die Zech nun schlag in d'Schanz!
Hättst du gewusst, dass es diese wären,
du hättest sie wollen anders scheren.
Doch weil du nicht aufgepasst hast fein,
so ist der Schaden billig dein.
Nun dass ich fortfahr: Dieser Wirt
den Gästen macht ein gute Ürt;
setzet auf alles, was er hat:
Fisch, Vogel, Fleisch dazu Wildbrat.«
Da zechten sie mit ganzer Macht,
bis dass es schier wollt werden Nacht.
»Herr Wirt«, der eine Gast anfing,
»wisst Ihr noch, wie's vorm Jahre ging
mit denen Gesellen, so die Zech
bei Euch nicht konnten zahlen recht,
da Ihr ihnen habt auferleit,
dass wer Euch die größte Lüge seit*,
der sollt sein der Zech halber frei;
nun sag er, welcher es hier sei?
Wir sind jetzt da mit ganzer Schar,
die vorm Jahre auch hier war.
Ihr habt gehört die Zeitungen früh,
die wir Euch angezeiget hie;
urteilet nun, und wer der best,
demselbigen die Zech erlässt!
Die Andern zahlen recht das Ihr,
wie vorlängst schon vereinbart wir.«
»Dies sollt ich haben wohl betracht«,

der Wirt mit Lachen zu ihnen sprach.
»An euren Reden, so ihr mir
gesagt, die hört ich mit Begier.
Ich merk an dem, das ihr gesagt hand,
dass ihr gelogen allesamt,
und solches also meisterlich,
dass jetzt nicht kann urteilen ich,
welcher die Zech gewonnen hab,
darum den Schadn ich selberst hab.
Was ihr vor einem Jahr verzehrt,
das habt ihr jetzo abgewehrt.
Gebt mir kein Red noch Antwort drumb!
Damit ich aber wiederumb
recht komme auf die jetzge Zeit,
so gebe ich euch gleich Bescheid:
Wär ich nicht gwesen ein solcher Tor
so hätte ich's schon gemerkt zuvor,
dass ihr seid eben diese Kunden,
die vor einem Jahr sich auch hier funden.
Dass ich auch sprach, nun seie recht,
dem größten Lügner geschenkt die Zech;
was ich vorm Jahr geborget hab
und mir an dieser Zech geht ab,
macht mich nicht arm, es macht mich weis,
dass ich anwende bessern Fleiß.
Hiermit schenk ich euch auch dies Mahl.
Wann mir sollt kommen gleicher Fall,
würd ich nicht sein so unbedacht,
mein Sachen nehmen besser in acht.«
Hiermit zogen sie ihre Säckel auf,

wollten die Zech legen zu Hauf.
Der Wirt wollts nicht, sie wolltens nicht:
hiermit so ward der Krieg gericht*.

ENDE

Anhang

Anmerkungen

Zum Lalebuch

5 *Im Jahr 753* – Der Sage nach das Jahr der Gründung von Rom – allerdings 753 *vor* Christus. Eine andere Kalkulation, die dieser Jahreszahl Bedeutung verschafft haben könnte, bietet das Jahr 843 *nach* Christus, in dem der Vertrag von Verdun, die Dreiteilung des Reiches Karls des Großen, beschlossen wurde: 843 + 753 = 1596 – das Jahr, in dem der unbekannte Verfasser möglicherweise das *Lalebuch* geschaffen hat.

- *Utopien* – »Nirgendland« mit seiner Hauptstadt *Uthen* – »Nirgendstadt«, mit einem Anklang an Athen und einem Hinweis auf die Herkunft der Lalen aus Griechenland. Das Werk *Utopia* von Thomas Morus erschien zum ersten Mal im Jahr 1516.

- *Udeys* – Der utopische Kaiser – vielleicht mit einem Anklang an Odysseus, der sich dem Zyklopen gegenüber »Outis« nennt – »Niemand«.

- *Dienste ... zu denen ich verpflichtet* – Hier vollzieht die Figur des Erzählers – »ein Aabcdef/etc.« – einen Übergang von der dritten in die erste Person. Dieser Erzähler ist nicht gleichzusetzen mit dem Verfasser des *Lalebuchs*, der bis heute unbekannt geblieben ist.

8 *Rollwagenbüchlein ... Katzipori* – Das *Rollwagenbüchlein* hat Georg Wickram im Jahr 1555 herausgebracht. Von Jakob Frey stammt der erste Teil der *Gartengesellschaft* aus dem Jahr 1556. Der zweite Teil stammt von Martin Montanus und erschien 1560. Die *Cento Novella*, besser bekannt unter dem Titel *Das Decamerone*, schrieb Giovanni Boccaccio etwa von 1348 bis 1353. Seit dem 15. Jahrhundert wurde das Werk auch ins Deutsche übersetzt. Michael Lindeners Buch *Katzipori* erschien 1558.

13 *Kalikut* – Gemeint ist ein unerreichbar ferner Ort – Kalkutta.

15 *der Name »Lale«* – Aus dem griechischen Verb *λαλειν* – *lalein* abgeleitet: »schwätzen«, »lallen«, aber auch »debattieren«, »beraten«.

– *Miltiades ... Themistokles* – Miltiades, 550-489 v. Chr., Feldherr, Sieger in der Schlacht bei Marathon, starb – in Ungnade gefallen – an einer Verwundung im Gefängnis. Phokion, geb. 402/401 v. Chr., wurde nach einer erfolgreichen Feldherren-Karriere im Jahr 318 v. Chr. in Athen zum Tod durch Gift verurteilt. – Lykurg (9. Jh. v. Chr.), ein Gesetzgeber in Sparta, verließ die Stadt gegen Ende seines Lebens und hungerte sich zu Tode, wodurch er die Spartaner zum Festhalten an den Gesetzen, die er entworfen hatte, zwingen wollte. Auch andere bedeutende Staatsmänner und Gesetzgeber – Theseus, Solon, Aristides und Themistokles – verließen Athen oder wurden verbannt.

19 *Dem nie an keinem Gut gebrist* – Dem es nie an etwas fehlt ...

21 *Meister Sie-Mann* – Die Frau, die an die Stelle des abwesenden Hausherren tritt.

31 *in ALLER etc. Namen* – In aller Teufel Namen.

32 *mit der Gabel gestreut* – Ein Hinweis darauf, dass sich diese Lalen auf Stroh betteten.

37 *Vexordium ... Narration* – Spöttische Einleitung, aus lat. *exordium* und *vexare*. *Narration* – Erzählung, mit einem Anklang an Narrheit.

– *ein welsch Kramantzen* – Modische, italienische Komplimente machen.

39 *Parturiunt montes ...* – »Es kreißen die Berge, aber geboren wird nur eine lächerliche Maus.« Horaz, *De arte poetica*, 139.

40 *Schreibenten* – Aus dem lateinisch inspirierten Scherzwort »Skribenten« werden hier »Schrei-benten« oder gar »Schreib-enten« oder beides.

– *Orpheus* – Sein Gesang und sein Harfenspiel verzauberte die ganze Welt. Eurydike, seine Gemahlin, wurde von einer Schlange gebissen und starb. Orpheus bat den Hades und Persephone, ihm seine Gattin zurückzugeben. Seine Bitte wäre erfüllt worden, hätte er nur die Bedingung eingehalten, die Hades ihm stellte – sich bis zum Ausgang aus dem Totenreich nicht nach Eurydike umzusehen.

\- *Amphion* – Auch ihm wurde von den Göttern die Gabe der Musik geschenkt. Mit ihr brachte er die Steine dazu, ihm zu folgen und aus sich heraus die Ringmauer der Stadt Theben in Boeotien zu bilden.

\- *Theben in Boeotien* – Das griechische Theben hatte nur sieben Tore. Das hunderttorige Theben lag in Ägypten.

42 *mit Kolben lausen* – Jemandem auflauern und mit Knüppeln verprügeln.

49 *zur Ehre aller Stultorum einweihen* – Zur Ehre aller Narren.

\- *ecce, vide* – Sieh da, schau, sieh mal, sehet.

\- *potz Velten* – Anrufung des heiligen Valentin, hinter dem sich der Name Valand = Teufel verbirgt.

51 *Udis* – Niemand, so nennt sich Odysseus, als der Zyklop ihn nach seinem Namen fragt.

\- *Udena* – Niemandin.

52 *Potz Kramet* – Ein verhüllter Fluch – »Potz Sakrament«.

56 *Prophetenbeeren* – Die 35. Histori in dem Volksbuch *Ein kurzweilig Lesen von Till Ulenspiegel* handelt davon, wie Ulenspiegel den Juden zu Frankfurt am Main eine Prophetenbeere verkauft. Wer sie in den Mund nehme, könne die Ankunft des Messias verkünden. Einer erklärt sich bereit dazu und beklagt sich im nächsten Augenblick: »Wir sind von dem Goi betrogen, es ist anders nichts denn Leutedreck!« *Die Volksbücher von Till Ulenspiegel, Hans Clawert und den Schildbürgern*, Hrsg. von Helmut Wiemken, Bremen: Schünemann 1962, S. 59f.

60 *consuetudo altera natura* – Die Gewohnheit wird zur zweiten Natur. Cicero, *De finibus bonorum*, V, 25 § 74. So wird der bedenkliche Wandel von der gespielten zur gewohnheitsmäßigen Narrheit erläutert.

62 *Ploch* – Der Holzblock, in den die Hände oder Füße eines Gefangenen eingeschlossen wurden.

66 *Kornwürmer* – Getreidespekulanten.

68 *Sester* – Ein Hohlmaß für Getreide und Flüssigkeiten – etwa 15 Liter.

69 *Sankt Velten* – Siehe Anm. zu S. 49.

74 *an seiner rauhen Tafel* – An seinem groben Hintern.

76 *»Neue Zeitungen aus der ganzen Welt«* – Man findet sie im hinteren Teil dieses Buches, S. 167 ff.

\- *Hobsewasioneß* – Observationes: lat. für Beobachtungen.

\- *wenn man uns unseren Kolben zeigt* – Hier steht »Kolben« eher für Kopf oder den Kopf mit Narrenkappe.

79 *Angster* – Ein Trinkgefäß mit zwiebelförmigem Bauch und einem aus mehreren, oft gedrehten Röhren bestehenden Hals. Enge und Angst kommen hier mit ins Spiel der Bedeutungen.

80 *genetzet* – Von netzen, nässen.

\- *M.O.R.O.S.* – *Moros*, im Griechischen ein Wort für Narr, heute eher im Sinne von *mürrisch, verdrießlich*.

83 *Stolprion* – Aus einem bekannten Schwank: Da soll jemand Safran holen und spricht sich dieses Wort immer wieder vor. Er stolpert und verlangt schließlich Stolprion.

84 *vide* – Lateinisch: Schau her!

\- *im Rotwelschen Exemplar* – Die Titelseite der ersten Auflage des *Lalebuchs* beschreibt kurz dessen Herkunft und charakterisiert den Text so: »... zu ehrlicher Zeitverkürtzung auß unbekannten Authoren zusammen getragen und auß Rothwelscher in Deutsche Sprache gesetzt ...« Siehe S. 216 u. 219.

\- *audi* – Lateinisch: Hör zu!

85 *audi conveni* – Höre und stimme mir zu!

88 *jener Bettelvogt ... die Hunde* – Könnte hier Diogenes von Sinope gemeint sein?

94 *Schlaputz* – Ein großer Schluck.

97 *es kam eine Sau und biss ihm ein Ohr ab* – Eine Redensart, die unklar bleibt …

98 *ladridang … kudridurtz* – Wortspielereien mit »lang« und »kurz«.

101 *necessario* – Notwendigerweise.

- *in Figura, Forma und Materia* – Grundbegriffe der Poetik: Gestalt, Idee, Stoff.

102 *hinter dem Mist … Scheiter gehauen* – Sein Geschäft verrichtet.

106 *Fester Junker Senf …* – Eine spaßhafte Wortverdrehung von Kaiser und Senf.

114 *Mönchskutten* – Eulenspiegel nennt sie in Kapitel 46 »Wölfe«. Gemeint ist die Bearbeitung des »Eulenspiegel« von Johann Fischart: »Eulenspiegel Reimensweiss« (1572).

115 *bevor er habe fensterln können* – Bevor er am Fenster habe lauschen können.

119 *flötzeln* – Schweizerisch für pinkeln.

Bürgerlust – Volksfest.

130 *er wäre wohl ein Sch.* – Vermutlich: … ein Schelm.

135 *Bentzenauer* – Ein bayerisches Volkslied auf Hans von Pienzenau, den Hauptmann der Burg und der Stadt Kufstein. Der Habsburger Maximilian I. ließ ihn nach zweimaligem Treuebruch im Oktober 1504 mit dem Schwert hinrichten. Die Melodie des Liedes war sehr populär und wurde später auch für andere Lieder verwendet.

140 *bei Sankt Grix* – Möglicherweise eine Entstellung von Sankt Veit (Veitstanz) – S. Vix … Vgl. S. 69.

143 *Lechmici, Singular: Lechmicus* – Lalische *technici* = Handwerker, oder *logici* = Denker.

149 *in der Höll* – Im Ofenwinkel.

157 *Fuchtel* – Abgeleitet von *fechten* – ein Degen mit flacher Klinge, auch Raufdegen genannt.

164 *dem leidigen Rurrentz* – Aus dem schweizerischen Deutsch *rurre* – knurren: Katze oder Kater.

Zu den »Neuen Zeitungen aus der ganzen Welt«

168 *Zeitung* – Zeitung bedeutet zunächst »Neuigkeit«, »Nachricht«, »Kunde«, »Botschaft«. Etwa ab 1580 bezeichnet das Wort auch ein Druckerzeugnis. Die erste regelmäßige Tageszeitung erschien allerdings erst ab 1609 – in Straßburg.

169 *all das schafft* – All das führt dazu ...

172 *liebe Burst* – Liebe Burschen.

\- *Ürt* – Die Mahlzeit und ihr Preis, die Zeche.

173 *ein gut Geloch* – Gelage.

die Ürten machen – Die Zeche zahlen.

174 *Betteltanz* – Der Streit um die Höhe der Zeche.

\- *die Zech ... vollführet ganz* – Die Rechnung fertiggestellt.

\- *einer sich ... übel gehub* – Einer benahm sich schlecht.

176 *löffelt* – Liebelt, buhlt.

\- *so karg* – Sparsam.

177 *das Elend bauen* – In der Fremde wohnen.

\- *drat* – Bald, rasch.

\- *eine ... Letze geben* – Ein Abschiedsgeschenk machen.

178 *niemandn valediciert* – Von niemandem Abschied genommen.

179 *fei vor Ungemach* – Vor Ungemach schützen.

182 *jehen* – Sagen, sprechen.

\- *schier* – Bald.

\- *Lug* – Lüge, Lügengeschichte.

185 *unverschmächt* – Unverblümt.

186 *bitt ... um ein klein Gemach* – Um einen kleinen Aufschub.

189 *zugeseit* – Zugesagt.

194 *treit* – Aufträgt.

197 *ungwarnter Sachen* – Unerwartet.

200 *überzwerch* – Quer.

\- *Pletz* – Fetzen.

201 *Immen* – Bienen.

203 *ungefähr* – Zufällig.

205 *seit* – Sagt.

207 *der Krieg gericht* – Der Streit beigelegt.

Nachwort

von Reinhard Kaiser

Kein Zweifel – wir haben es hier mit einem gewitzten, klugen und erfindungsreichen Autor zu tun, der allerdings von vornherein beschlossen hat, seinen Namen nicht preiszugeben. Statt uns zu verraten, wie er heißt, nimmt er seine Leser auf den Arm und tut so, als wolle er ihnen einen Fingerzeig geben. Aber das Rätsel, das er uns vorlegt, hat keine Lösung. Die Titelseite seines Buches liest sich nämlich so:

Das Lalebuch.
Wunderseltza-
me / Abentheurliche / uner-
hörte / und bißher unbeschriebene
Geschichten und Thaten der La-
len zu Laleburg.

Jetzund also frisch / Männiglichen zu
Ehrlicher Zeitverkürtzung / auß unbekanten
Authoren zusammengetragen / und auß Roht-
welscher in Deutsche Sprach gesetzt /
Durch:

A a b c d e f g h i k l m n o p q r s t u w x y z.

Die Buchstaben so zu viel sindt /
Nimb auß / wirff hinweg sie geschwindt /

Und was dir bleibt / setz recht zusammen:
So hastu deß Authors Namen.

Die newe Zeitungen auß der gantzen Welt /
findestu zu Ende dem Lalebuch
angehengt.

Gedruckt zu Laleburg / Anno 1597.
Mit Privilegien deß Authoris allezeit zu verbessern und zu vermehren / aber nicht nachzudrucken.[1]

Vor eine zweite, ebenfalls unlösbare Aufgabe stellt uns der namenlose Autor im letzten Abschnitt der Titelseite. Er erteilt hier seinen Lesern die Genehmigung, sein Buch jederzeit zu verbessern und zu erweitern, nicht jedoch die Erlaubnis, es nachzudrucken. Aber wie lässt sich ein einmal ausgefertigtes Druckerzeugnis verbessern und vermehren, ohne einen Neu- und Nachdruck zu veranstalten?

Hergestellt wurde dieses merkwürdige Werk im Jahr 1597 in der Druckerei von Bernhard Jobins Erben in Straßburg. Bernhard Jobin war ein deutscher Buchdrucker gewesen und hatte das Straßburger Bürgerrecht 1560 erworben. Seine ersten Drucke erschienen 1566. Im Jahr darauf heiratete er Anna Fischart, die Schwester des Schriftstellers Johann Fischart, und druckte dann neben zahlreichen

1 Titelseite der ersten Ausgabe von 1597. *Das Lalebuch*, hrsg. von Stefan Ertz, S. 3.

anderen Büchern auch einen großen Teil von Fischarts monströs-komischen Werken. Jobin hegte Zeit seines Lebens eine Neigung zum Bizarren und Ungewöhnlichen. Er starb 1593, zwei Jahre nach Fischart. Die Erben sorgten für den Fortbestand seiner Werkstatt, die dann einige Jahre später einer von Jobins Söhnen übernahm.

Noch im Erscheinungsjahr des *Lalebuchs* – 1597 – zeigte ein Drucker in Frankfurt, Paul Brachfeld, im Herbstkatalog der dortigen Buchmesse das baldige Erscheinen eines Buches mit dem Titel *Die Schiltbürger* an, das dann – vorausdatiert auf das Jahr 1598 – wahrscheinlich schon im Herbst 1597 erschien. Hierbei handelte es sich – zumindest aus heutiger Sicht – um ein dreistes und zugleich maulfaules Plagiat. Der allergrößte Teil der Veränderungen gegenüber dem *Lalebuch* betrifft nur zwei Wörter. Die Lalen oder Laleburger wurden zu »Schiltbürgern« und aus der Ortschaft Laleburg wurde Schilda. Stefan Ertz, der das *Lalebuch* von 1597 im ursprünglichen Wortlaut herausgegeben hat, schreibt zu den Abwandlungen, die der Drucker aus Frankfurt vorgenommen hat:

Diese flüchtige Bearbeitung hat das Original nur an wenigen Stellen geändert, aber trotzdem (...) entscheidend entstellt. (...) Noch im gleichen Jahr 1598 erschienen drei weitere ebenfalls flüchtige Bearbeitungen des Schiltbürgerbuchs. Im Grunde unverständlich: nicht das Lalebuch, das Original, sondern das Schiltbürger-

Das Lalebuch.

Wunderseltzame / Abentheurliche / vnerhörte / vnd bißher vnbeschriebene Geschichten vnd Thaten der Lalen zu Laleburg.

Jetzund also frisch / Männiglichen zu Ehrlicher Zeitverkürtzung / auß vnbekanten Authoren zusammen getragen / vnd auß Rohtwelscher in Deutsche Sprach gesetzt /
Durch:

A a b c d e f g h i k l m n o p q r s t u w x y z.

Die Buchstaben so zu viel sindt /
Nimb auß / wirff hinweg sie geschwindt /
Vnd was dir bleibt / setz recht zusammen:
So hastu deß Authors Namen.

Die newe Zeitungen auß der gantzen Welt / findestu zu Ende dem Lalebuch angehengt.

Gedruckt zu Laleburg / Anno 1597.

buch, die mangelhafte Bearbeitung, erwies sich als ausgesprochener Bestseller.[2]

Auf diese Weise verschwand das *Lalebuch* gleichsam hinter dem *Schiltbürgerbuch*. Dabei ist die unzulängliche Einleitung dieses Letzteren das einzige neu geschaffene Textstück und verwischt mit der Auswechselung eines einzigen Wortes das Gesamtbild. Allerdings wurden viele Episoden des *Lalebuchs* in der Gestalt, die sie im *Schildbürgerbuch* annahmen, dann doch sehr bekannt. Denn *Die Schildbürger* wurden neben dem *Faust*-Buch und dem *Till Eulenspiegel* zu einem der allgemein bekannten deutschen Volksbücher.

Durch die Wahl des Wortes Schiltbürger ist der Stand der Helden nicht mehr genau zu bestimmen. Sind sie Bauern oder Bürger? Der harmlos scheinende Namentausch hat weitreichende Folgen. Die Unterscheidung von Standesstufen, die für die Gliederung und das Sinnverständnis des Lalebuchs so wichtig war, entfällt. Nicht mehr der Eindruck einer romanartig geschlossenen Erzählung überwiegt, sondern der einer unklar gegliederten Schwanksammlung.[3]

Wer da seinen Namen hinter dem Alphabet auf dem Titelblatt verbirgt, ließ sich bis heute nicht ermitteln.

2 Stefan Ertz, »Nachwort«, *Das Lalebuch*, S. 164.
3 Ebd., S. 150.

Karl von Bahder (1852–1932), der erste Germanist, der sich gründlich mit dem *Lalebuch* beschäftigt hat, stellte zur Person von dessen Verfasser behutsame und zu seinem Werk stichhaltige Überlegungen an.

Dem Gelehrtenstande hat der Autor jedenfalls angehört ...[4] *(...) Wir dürfen vermuten, dass er (...) noch in enger Fühlung mit dem akademischen Leben stand. Eine gesicherte Lebensstellung wird er nicht gehabt, sondern zu der großen Zahl von jungen Gelehrten gehört haben, die sich damals an den Universitäten so gut es ging durchschlugen. Viele griffen des Erwerbs wegen zur Schriftstellerei und dem wird auch das Lalebuch seinen Ursprung verdanken.*[5]

Indem er von den Geschicken der Lalen von Laleburg berichtet, wetteifert er mit den älteren Schwankerzählern; aber er will mehr geben als eine blosse Sammlung von Geschichten. Auch an Belehrung soll es nicht fehlen, er fügt allgemeine Betrachtungen ein ... über Weisheit und Torheit, Eltern und Kinder, Herren und Diener, über die Frauen und vieles andre. Dabei sollen seine Erzählungen ein Ganzes bilden, einen Roman. Die verbindende Idee fand er in der angenommenen Narrheit der Lalen. (...) Aber die Narrheit hat ein doppeltes Gesicht, hinter der Maske der Dummheit verbirgt sich oft rechte Bauernschlauheit (...), und die Schwankdichter

4 Von Bahder, S. LVI.
5 Ebd., S. LX.

hatten auch von der Pfiffigkeit der Bauern zu berichten. So ist die Narrheit der Lalen zunächst verborgene Weisheit. Früher galten sie als sehr kluge Leute, die die Fürsten als Ratgeber um sich zu haben wünschten (...). Um sich von ihnen loszumachen, spiegeln sie Narrheit vor, die aber schließlich von ihnen Besitz ergreift und ihren Untergang herbeiführt.[6]

*

Zum großen Reichstag in der Stadt Uthen erscheint auch der utopische Kaiser Udeys – so vermelden es die ersten Seiten dieser Geschichte. Und mit ihm schleicht sich hier – in einem grammatikalisch-akrobatischen Sprung von der dritten in die erste Person – auch der namenlose Verfasser in seine Geschichte: »... ein Aabcdef/etc., der mitgereist war, um sowohl der Reichsversammlung beizuwohnen als auch wegen gewisser Dienste, zu denen ich (!) meinem Herrn verpflichtet und verbunden war.«[7]

Seiner Ankunft folgt eine Zeit des Wartens, die sich die Teilnehmer am Reichstag auf ganz unterschiedliche Weise vertreiben. Der Erzähler nimmt sich einen Schiffer und lässt sich von ihm auf dem Uthener See herumfahren. Bei einem dieser Ausflüge erblickt er von seinem Boot in einem einsamen

6 Ebd., S. IL f.

7 *Das Lalebuch*, S. 5.

Tal »allerlei altes Mauerwerk«. Der Schiffer erklärt ihm, dort habe vor langer Zeit eine Burg gestanden, die Laleburg, und daneben sei ein Dorf gleichen Namens gelegen.

Die Lalen und ihre Weisheit seien nach ihrem Wegzug aus Griechenland hierzulande allgemein bekannt geworden. Einige von ihnen hätten sich mit Frau und Kindern hier angesiedelt. Ihr hoher Verstand und ihre Weisheit habe sich bald herumgesprochen, und so hätten immer mehr Städte, Fürsten, Könige und auch der Kaiser Gesandtschaften geschickt, um sich bei den weisen Lalen Rat zu holen. Im Laufe der Zeit jedoch seien diese Wege den Ratsuchenden zu lang geworden. Statt sie in ihrer Ansiedlung zu besuchen, hätten sie sich die Lalen gegen hohe Bezahlung an ihre Höfe geholt. Da diese Ratgeber aber nie sehr zahlreich gewesen seien, habe es nicht lange gedauert, bis man die Lalen allesamt in die Fremde gelockt hatte und keiner von ihnen mehr zu Hause lebte.

Da mussten nun ihre Frauen in Laleburg alles allein besorgen – die Aufsicht über den Haushalt, die Kinder, das Gesinde, die Feldarbeit. Den Frauen war das zunächst gar nicht unlieb – mit der Zeit aber wurde ihnen die Belastung zu groß. Schließlich schrieben sie einen Brief, mit dem sie ihre Männer drängten, wieder nach Hause zu kommen. Die Männer folgten dieser Bitte. Sie kehrten zurück und versteckten ihre Weisheit von nun an hinter ihrer Narrheit. Und als es um die Frage ging, wie man sich gegen neue Verlockungen oder Abforderungen in die Ferne schützen könnte, erklärte ein alter Lale:

»Wie man die Männer zuvor wegen ihrer Weisheit abgefordert und in die Fremde gerufen habe, werde man sie nun – wegen ihrem Aberwitz und ihrer Torheit – daheim bleiben und in Ruhe lassen.«[8]

Womit sie und der alte Lale allerdings nicht gerechnet hatten: Ihre Narrheit wird den Lalen im Laufe der Zeit durch die Gewohnheit zur zweiten Natur und verdrängt die Weisheit. So geschieht es, dass nach und nach nicht nur ihre Weisheit schwindet, sondern auch ihr närrisches Wesen überhandnimmt. Aber der anonyme, mit allen Wassern gewaschene Erzähler ist sehr wohl imstande, hier mitzuhalten. Er hat einen bisweilen grobschlächtigen, immer aber recht anarchischen Witz. Auch verfügt er über die sprachkünstlerischen Mittel, und man merkt seinem Text an, welches Vergnügen ihm das oft virtuose, bisweilen auch etwas steife Hantieren mit diesen Mitteln bereitet.

*

Nach der einleitenden Rahmenhandlung – den Ausflügen des anonymen Erzählers mit seinem Schiffsmann lange Jahre nach dem Verschwinden der Lalen – folgt

8 Ebd., S. 34 f.

das eigentliche *Lalebuch*. Den ersten großen Abschnitt bilden die Kapitel 1–6. Sie schildern die Vorgeschichte der Lalen – ihre Herkunft aus Griechenland und wie sie es vorzogen, vor der Undankbarkeit ihrer Landsleute das Weite zu suchen und sich in einem anderen Land anzusiedeln. Schon im ersten Kapitel wird jedoch auch die Feuersbrunst erwähnt, die dann im vorletzten Kapitel die Lalenburg und die Siedlung der Lalen zerstört. Aber bevor es dahin kommt, machen sich die Lalen – wie einst in Griechenland – auch in der neuen Umgebung und über lange Zeit einen guten Namen als weise Ratgeber. Sie lassen sich in die Ferne an fremde Fürstenhöfe locken, haben aber ein Einsehen, als ihre Frauen einen Brief aufsetzen und ihre Männer zur Heimkehr auffordern.

Die folgenden drei großen Abschnitte teilen sich in jeweils sieben Kapitel: der Bau des Rathauses, bei dem die Lalen die Fenster vergessen und nachher versuchen, das Licht in Eimern und anderen Behältern ins Rathaus zu schleppen (Kapitel 7–13); die Aussaat von Salz auf einem Acker und die Wahl des Schweinehirten zum Schultheißen, als der Kaiser von Utopien den Lalen seinen Besuch ankündigt (14–20); und schließlich der Besuch des Kaisers bei den Lalen von Laleburg, wo ihm ein großer Topf Senf verehrt wird und er an einem Bürgerfest teilnimmt, auf dem allerlei anstößige Rätsel gelöst werden sollen (21–27); im nächsten Abschnitt liest man den Auszug aus einem Brief, in dem der Kaiser den Lalen ihre Narrenfreiheit bestätigt (28).

Es folgt bis zum letzten Kapitel in lockerer Reihe eine Anzahl weiterer merkwürdiger Geschichten, in denen sich zeigt, dass die Narrheit im Leben der Lalen immer mehr Platz einnimmt und die Weisheit ihnen nach und nach abhandenkommt: Wie die Lalen ihre eigenen Füße mit denen der anderen Lalen verwechseln, schließlich aber die eigenen doch wiederfinden (29). Wie die Lalen das Gras auf einer alten Mauer von ihrem Vieh abweiden lassen wollen und dabei ihre Kuh erwürgen (32). Von einer Lalin, die auf ihrem Weg zum Markt wundersame Berechnungen anstellt (33). Wie die Lalen eine lange Wurst zwar herstellen, aber zunächst nicht kochen können (34). Wie die Lalen einen Mühlstein ausgruben und einer damit weglief (35). Wie die Lalen Mitleid mit einem armen Nussbaum haben und wie sie mit ihm umgehen (36). Wie ein Lale sein Pferd schont, dasselbe aber verliert, indem er die Ehre der Laleburger zu retten versucht (38). Wie die Laleburger ihre Glocke im See verstecken (39). Was für eine merkwürdige Geschichte sich in Laleburg mit einem Krebs zuträgt (41). Wie die Lalen einen Maushund und damit ihr endgültiges Verderben kaufen (44). Und schließlich, wie die Lalen darüber beraten, sich andere Wohnstätten zu suchen, und wie sie wegziehen und sich über die ganze Welt zerstreuen (45).

*

Unsere Ausgabe bietet noch eine besondere Zugabe – eine eigenartige, zu Unrecht wenig beachtete, ihrem Inhalt nach nur locker mit den Geschehnissen im *Lalebuch* verbundene, immerhin fünfzig Seiten füllende Geschichte am Schluss der ersten Ausgabe von 1597:

Die Neuwe
Zeytungen auß
der gantzen Welt.

**

Allen wunderwitzigen / die
nur nach Newen Zeytungen Hun-
ger und verlangen tragen / zu lieb
in diese form gebracht:
Und
Nicht ohne sonderbare Ursa-
chen dem Lalebuch ange-
gehengt

**

Getruckt
Im Jar M.D.XCVII.

Eine Gesellschaft junger Männer bricht zu einer Wanderung auf. Nachdem sie schon einige Tage unterwegs sind (und ihre mitgenommene Verpflegung inzwischen wohl verzehrt haben), kehren sie eines Abends bei einem Gastwirt ein, der ihnen ein üppiges Nachtmahl herrichtet. Am nächsten Morgen, als der Wirt nach dem Frühstück die Zeche oder »Ürt« bezahlt haben will, stellt sich heraus, dass die jungen Leute kein Geld dabeihaben. Bevor sie zu ihrer Wanderung aufgebrochen sind, haben sie ihr Geld zusammengelegt und in einen Säckel gefüllt – diesen aber hat der Erzähler der Geschichte, der sich auch um das Geld kümmern wollte, versehentlich bei sich zu Hause liegen lassen. Nach einem längeren Disput darüber, wie er in dieser Lage trotzdem mit Sicherheit an sein Geld kommen kann, besinnt sich der Gastwirt darauf, dass er seinen Gästen die Zeche auch erlassen könnte – unter der Bedingung, dass jeder von ihnen auf dem Rückweg eine »Neue Zeitung«, also eine Neuigkeit, bei sich habe und ihm, dem Wirt, zum Besten geben werde. Der Wirt gibt nämlich nach einem längeren Hin und Her zu erkennen, dass er ganz versessen ist auf neue Nachrichten und Geschichten aus der weiten Welt.

Ungefähr ein Jahr später, am verabredeten Tag kehren sie wieder bei dem Gastwirt ein – aber nicht gemeinsam, sondern einer nach dem anderen. Und jeder gibt seine Geschichte zum Besten – es sind ihrer achtzehn, so viele, dass es selbst dem Gastwirt fast zu viel wird.

Die ersten zwölf Geschichten bilden sechs Paare – die letzten sechs stehen einzeln, jede für sich, in der langen Kette. Alle achtzehn »Zeitungen« sind Lügenmärchen – aber die paarweise Anordnung der ersten zwölf Stücke hat den seltsamen Effekt, dass die jeweils aufeinanderfolgenden beiden Stücke ihre Glaubwürdigkeit wechselseitig bekräftigen. Die Donau brennt von Wien bis Regensburg hinauf, so heißt es in der Dritten Zeitung – woraufhin der vierte Geschichtenerzähler berichtet, er habe in Ungarn am Ufer der Donau kilometerweit frisch gebratene Fische liegen sehen, was offensichtlich auf den Brand der Donau zurückzuführen sei.

Mit der Zeit fasst auch der Gastwirt Vertrauen zu den »Zeitungen«. Die riesengroße Rübe, die der Erzähler der fünften Geschichte auf einem Feld bei Straßburg erblickt hat, verlangt natürlich auch einen riesigen Topf, von dessen Größe man in der sechsten Zeitung eine Vorstellung bekommt:

> »Da arbeiten dreihundert Schmiede
> rings umher und zwölf in der Mitte,
> einer vom andern also fern,
> dass sie einander niemals hör'n.«[9]

Hier ein Verzeichnis der achtzehn »Zeitungen«: 1. Im lappländischen Buxa läuten die Glocken den ganzen Tag. Maria, die Muttergottes, ist gestorben. – 2. In Kaltbrat im Schlauraffenland lehnt eine Leiter am Himmel, auf der Frauen und Kinder auf- und absteigen und sich in Form von »Geld, Zuckererbsen und Lebkuchen« aus Anlass von Marias Tod Trost holen. – 3. Die Donau brennt von Wien bis hinauf nach

9 *Neue Zeitungen*, Sechste Zeitung, S. 188.

Regensburg. – 4. In Ungarn sind die Ufer des Flusses mit frisch gebratenen Fischen bedeckt. – 5. Bei Straßburg hat man eine riesige Rübe gefunden. – 6. Ein passender Kessel für diese Rübe wird hergestellt. – 7. Ein ungeheuer großer Vogel sitzt um die Mittagszeit auf einem Baum und wirft einen Schatten von sieben Meilen Länge. – 8. Anderswo wird ein sehr großes Ei gefunden, das mit dem gigantischen Vogel in Verbindung steht. Die Bauern wollen sehen, was darin ist. Sie schlagen es auf und ertrinken in dem, was sich aus dem Ei über sie ergießt. – 9. Ein Reisender kommt aus Utopien, wo es so kalt ist, dass die Wörter, die er in der Kälte ausspricht, an seinem Pelz gefrieren. – 10. Der Zehnte kommt aus der gleichen Gegend in eine wärmere Umgebung, und die Wörter des Neunten, die auf seiner Jacke gefroren sind, tauen auf und lassen sich hören. 11. Ein Reisender kommt vom Ende der Welt – es ist mit Brettern unterschlagen, Sonne und Mond liegen über'n Haufen geworfen da. – 12. Auch der Zwölfte wollte ans Ende der Welt und war auch dort, sogar um die gleiche Zeit wie der Elfte, hat den anderen aber nicht gesehen, sondern nur singen gehört. – 13. Wegen Salzbetrugs wird jemand auf dem Markt enthauptet. – 14. Ein Landsknecht fliegt auf einer Kanonenkugel aus der Stadt in den Wald und nimmt es danach noch mit einem Wolf auf. – 15. Ein Reisender beschreibt, wie er auf einem Berg in Armenien die Arche Noah findet. – 16. Ein Reisender aus Indien berichtet von Bienen, die so groß wie Schafe sind. – 17. Hier wird erklärt, warum dem vorletzten Gast der rechte Arm fehlt, so dass er dem Wirt nur die linke Hand geben kann. – 18. Ein herabschießendes Schutzgatter am Stadttor halbiert einem Reiter sein Pferd. Offenbar kann er es wieder heilen. Denn einige Zeit später bricht er mit ihm im Eis ein. Aber das Pferd läuft unter dem Eis weiter – drei Tage lang, bis es mit seinem Reiter bei einer Lücke in der Eisdecke wieder auftaucht.

*

Wenn sich im Blick auf das *Lalebuch* und die *Neuen Zeitungen* die Frage nach der Verfasserschaft dieser beiden Stücke auch nicht wirklich beantworten lässt, kann man immer noch der Frage nachgehen, ob es Anzeichen dafür gibt, dass sie womöglich vom selben Verfasser stammen oder nicht. Auch Karl von Bahder kommt in seinen Überlegungen nahe daran, dem Verfasser des *Lalebuchs* die Verfasserschaft der *Neuen Zeitungen* zu überlassen, denn es fehlt tatsächlich »nicht ganz an Übereinstimmungen«. (S. LXI f.)

Es gibt eine eigentümliche sprachliche und stilistische Ähnlichkeit zwischen dem *Lalebuch* und den *Neuen Zeitungen* – das spaßhafte Stocken der Rede. Im 19. Kapitel des *Lalebuchs* heißt es von den Frauen: »... sie haben ein sehr gu gu gutes Gedächtnis«. Ein paar Zeilen darunter liest man: »... ich habe den Hu hu husten«. Und in den *Neuen Zeitungen* liest man in der »17. Zeitung« von einem bedauernswerten Mann, der beim »Nüssebengeln«[10] seinen rechten Arm so heftig geschwungen hat, dass er sich aus der Schulter löste: »Das sag ich euch, mein lieber Mann! Wenn ich's vor Wei wei weinen kann.« – Außerdem gibt es einen Querverweis im 16. Kapitel des *Lalebuchs*. Die Lalen kommen mit der Salzgewinnung aus dem Schnee-Dörren nicht recht voran. In den *Neuen Zeitungen* hat es offenbar dann doch jemand zuwege gebracht, was ihm allerdings übel bekam.

»Ich komm da aus der nächsten Stadt,
daselbst man einen enthauptet hat,
weil er den Schnee beim Ofen dörrt
und ihn danach zum Markt geführt,
denselbigen als Salz verkaupt
Drumb ward ihm geschlagen ab sein Haupt.«[11]

Aber auch dies ist eine Lügengeschichte. In Wirklichkeit wäre man mit dem Schnee-Dörrer wohl glimpflicher umgegangen.

»So verließen sie denn ihr neu gewähltes Vaterland und trennten sich voneinander – der eine mit Frau und Kindern hierhin, der andere dorthinaus. Sie ließen

10 Mit einem Stock Nüsse von einem Baum schlagen.

11 *Neue Zeitungen*, Dreizehnte Zeitung, S. 196. Alle »Neuen Zeitungen« in diesem Text sind Lügenmärchen und werden in der Wirklichkeit solche drastischen Folgen nicht haben.

sich an vielen Orten nieder und pflanzten so ihre Zucht weit und breit aus.«[12]

Und *Lale* sind wir inzwischen nun *alle*.

12 *pflanzten ... ihre Zucht weit und breit* – S. 164 f.

Literaturhinweise

Textausgaben

Bahder, Karl von (Hrsg.): *Das Lalebuch (1597) mit den Abweichungen und Erweiterungen der Schiltbürger (1598) und des Grillenvertreibers (1603)*. Halle a. S.: Max Niemeyer 1914.

Wagner, J. M. (Hrsg.): *Lügenmärchen. Neue zeittung ausz der ganzen welt*. In: Zeitschrift für deutsches Altertum. Hrsg. von Moriz Haupt, 16. Bd. (Neue Folge, 4. Bd.), S. 437–466. Berlin: Weidmannsche Buchhandlung 1873.

Wiemken, Helmut (Hrsg.): *Die Volksbücher von Till Ulenspiegel, Hans Clawert und den Schildbürgern*. Bremen: Schünemann 1962.

Ertz, Stefan (Hrsg.): *Das Lalebuch. Nach dem Druck von 1597, mit den Abweichungen des Schiltbürgerbuchs von 1598 und zwölf Holzschnitten von 1680*. Mit einem Nachwort des Herausgebers. Stuttgart: Philipp Reclam 1970.

Wunderlich, Werner (Hrsg.): *Das Lalebuch. In Abbildung des Drucks von 1597*. Litterae. Göppinger Beiträge zur Textgeschichte, Nr. 87. Mit einem Nachwort des Herausgebers. Göppingen: Kümmerle Verlag 1982.

Wunderlich, Werner (Hrsg./Übers.): *Das Lalebuch*. Herausgegeben und in unsere Sprache übertragen von W.W. Stuttgart: Klett-Cotta 1982.

Forschungsliteratur

Dicke, Gerd: Artikel »Lalebuch. (Schildbürgerbuch; Grillen-, Hummelnvertreiber) Anonyme Schwankromane.« In: *Frühe Neuzeit in Deutschland 1520–1620. Literaturwissenschaftliches Verfasserlexikon*. Hrsg. v. Wilhelm Kühlmann u.a. Bd. 4. Berlin, Boston: De Gruyter 2015.

Dicke, Gerd: »Morus und Moros – Utopia und Lalebuch. Episteme auf dem Prüfstand lalischer Logik.« In: Achim Aurnhammer, Wilhelm Kühlmann, Jan-Dirk Müller, Martin Muslow, Friedrich Vollhardt: *Frühe Neuzeit*, Bd. 136. Studien und Dokumente zur deutschen Literatur und Kultur im europäischen Kontext. Berlin, New York: De Gruyter 2011.

Rupprich, Hans: Vom späten Mittelalter bis zum Barock. Zweiter Teil: Das Zeitalter der Reformation 1520–1570. De Boor/Newald: *Geschichte der deutschen Literatur IV,2*. München: C.H. Beck 1973, S. 176–177.

Seelbach, Ulrich: »Die newe Zeitungen auß der gantzen Welt – Der Anhang des Lalebuchs und die Logik der Lügendichtung.« In: *Eulenspiegel-Jahrbuch 39*, 1999, S. 95–111.

Inhalt

Das Lalebuch

Neue Zeitungen aus der ganzen Welt

Anhang